小习惯

简单可行的自我管理法则

[日]吉井雅之　著

朱悦玮　译

湖南文艺出版社
HUNAN LITERATURE AND ART PUBLISHING HOUSE

博集天卷
CS-BOOKY

你现在是否有这样的烦恼?

无法坚持早起。

想要学习英语却总是半途而废。

想减肥却总是吃得太多。

想戒烟却戒不掉。

这些都是很常见的问题。之所以会出现这些问题,不是因为你意志力薄弱,不是因为你缺乏干劲,更不是因为你与生俱来的能力和性格有什么缺陷。

那究竟为什么会这样呢?

答案其实很简单,因为你不知道养成习惯的方法。

所谓"习惯",就是将自己决定去做的事一直坚持做下去。而养成什么样的习惯,决定了你会有怎样的人生。

可以说习惯决定一切。

这就是习惯的力量，也是我将在本书中告诉大家的内容。

作为习惯养成顾问，我曾为 5 万人提供过习惯养成的教学服务，其中包括企业经营者、普通员工、学生和孩子。

我曾亲眼见证无数人通过改变习惯而改变了自己的人生。

完全拿不到订单的销售人员变成了销售冠军，对自己缺乏自信的女性减肥成功后变得光彩夺目，原本紧张的夫妻关系变得和睦。很多人都通过养成良好的习惯使自己的人生变得更加顺利。

所以，我可以这样断言："习惯拥有非常强大的神奇力量。"

不管是工作、学习、家庭还是人际关系，习惯在任何方面都是你最强有力的伙伴。习惯是能够终身受用的最强技能。习惯的养成与能力和资质没有关系，也不需要已经过时的毅力论。

身为习惯养成顾问，我教给大家的是任何人都能够成功实践的方法。同时，我还加入了脑科学的理论，开发出了一套能够最大限度地发挥出人类大脑功能的方法。我介绍的习惯养成方法不分年龄、职业、学历、性别，适用于所有人。

当然，你也不例外。

我向诸位保证，只要阅读本书后掌握了养成习惯的技巧，就一定能够拥有理想的人生。

本书由以下内容组成。

在第 1 章中，我会介绍习惯的重要性。读完本章，大家就会了解为什么习惯能够拥有决定人生的强大力量。

在第 2 章中，我会说明习惯究竟是什么，帮助大家搞清楚为什么自己一直以来都没能坚持下来。

在第 3 章中，我会解读养成习惯的关键，包括养成习惯的方法，以及避免失败的技巧等实用性的经验。

在第 4 章中，我将展示利用大脑养成习惯的技巧。大脑和习惯之间有着密不可分的联系，因此了解大脑的特性非常有助于习惯的养成。

在第 5 章中，我将会根据不同的主题，有针对性地讲解习惯养成术，比如怎样养成早起、读书、减肥、存钱等在日常生活中非常实用的习惯。

接下来，让我们赶紧进入正题吧。

如果本书能够帮助诸位养成良好的习惯，走上一帆风顺的人生道路，那将是我最大的荣幸。

吉井雅之

目 录
Contents

第 2 章 为什么你坚持不下来？

第3章 意志薄弱的人也能坚持下来！养成习惯的最强技巧

> 第5章　用习惯的力量改变人生

第 **1** 章

习惯
决定人生

001

习惯决定一切！

"过去的习惯"决定今天的自己

在工作和人际关系上碰壁，在学习和减肥上受挫。在人生中总会遇到不尽如人意的事情。"我的人生怎么会变成这样？"可能很多人会因此而感到懊恼，意志消沉。

"和上司搞不好关系都是因为上司不好。"

"销售业绩上不去是因为经济不景气。"

有的人会像这样怨天尤人。

当天不遂人愿的时候，人们往往会爆发出负面的感情，这也是难免的事情。认为"这不是我的错"更是人之常情。

但我必须告诉大家一个事实，那就是"过去的你，决定了今天的你"。更准确地说，是你过去的语言、行动和思考一点一点积累起来，形成了今天的你。

也就是说，"习惯"决定你的人生。

　　"不可能。天生的能力和性格才是决定人生的关键。"可能有人这样认为。但请想一想，对于刚出生的婴儿，能分出"擅长学习的婴儿"和"不擅长学习的婴儿"吗？能分出"性格好的婴儿"和"性格不好的婴儿"吗？

　　刚出生的婴儿都是一样的，完全没有能力和性格上的优劣之分。

　　随着年龄的增长进入学校之后，班级里有"成绩好的孩子"和"成绩差的孩子"。但这并不意味着他们与生俱来的能力有差异。只是有的孩子"有坚持学习的习惯"，而有的孩子"没有坚持学习的习惯"。

　　当孩子长大成人走入社会之后，即便在同一个公司里也有"业绩好的销售员"和"业绩差的销售员"。他们销售同样的商品、接受同样的培训、拿着同样的名片和宣传册，业绩却大相径庭。这样的情况在任何公司里都很常见，但这也不意味着销售员的销售水平和性格有差异。

业绩好的销售员在接待顾客时总是面带笑容。他们从心底相信"让顾客购买并使用这件商品，对顾客来说是一件好事"，所以他们在向顾客介绍商品时心里也非常高兴。

就算遭到顾客的拒绝，他们也会想"竟然错过了这么优质的商品，实在是太可惜了"，然后面带笑容地回应"如果您改变了主意，请一定要联系我"。

而业绩差的销售员脸上的笑容是装出来的。他们认为"反正每次都会被拒绝"，所以在向顾客推销的时候很容易自暴自弃、毫无自信。而且一旦遭到拒绝，他们就会失去干劲，甚至连下一个顾客都不想去拜访了，脸上的表情也会变得更加阴沉。

如果你是顾客的话，你会从哪种销售员的手里买东西呢？答案很明显吧。

这两种人之间的差异只有一个，那就是发自内心的笑容。前者不管是否能卖出去商品，每天都会面带笑容地接待顾客。这个习惯，导致这两种人的业绩完全不同。

由此可见，"过去的习惯"决定今天的自己。"人与人之间没有能力上的差异，只有习惯上的差异。"在继续阅读本书之前，请先牢牢记住这个事实。

002

你被习惯操控了

大脑中的烙印会无意识地表现在行动上

　　我们在出生的时候，每个人都是一张白纸。为什么随着年龄的增长，却在"习惯"上出现了差异呢？

　　答案在于"烙印"。

　　如果一个孩子从懂事时起，就经常被周围的人说"你是个笨孩子""你什么也做不好"，那么他自己肯定也会认为"我是个笨孩子""我什么也做不好"。

　　因为这些反复听到的话语，会烙印在大脑之中，于是这个孩子就养成了不管是学习还是运动都浅尝辄止、对待作业和练习都一拖再拖的习惯。久而久之，他就真的变成了"学习差的孩子"和"运动不好的孩子"。

　　反之，如果一个孩子从小就经常被周围的人说"你是个好孩子""你一定能做到"，那么他自己也会认为"我是个好孩子""我一定能做到"，那么这个孩子就会养成不管是学习还是运动即便遇到失败也不放弃，坚持挑战，积极主动地完成作业和练习的习惯。久而久之，他就真的变成了"学习好的孩子"和"运动好的孩子"。

但不只是他人的话语会形成烙印。"我做不到""反正也不会那么顺利的"，是否有人总是把这样的话挂在嘴边？

自己说的话也会被耳朵接收，然后烙印在大脑之中。烙印会形成习惯，习惯则决定你的人生。也就是说，你在不知不觉中已经被习惯操控了。

"只是耳朵听到的话语罢了，怎么可能对思考和行动造成那么大的影响呢？"或许有人对此持怀疑的态度。但可怕的是，人类的大脑认为耳朵接收到的信息全都是真实的。

我们的大脑并不能区分真话、假话和玩笑。如果有人说"你是个笨蛋"，那么大脑真的会相信，然后做出与这个评价相符的反应。就算没有任何证据证明你真的是一个笨蛋，大脑也不会去求证，因为大脑只会对听到的内容做出反应。

而且，长时间通过五感反复接收的信息会进入我们的潜意识，并且牢牢地扎根于我们的大脑深处。然后，我们就会在无意识中根据潜意识中的信息做出相应的行动。

大家在上小学的时候都背诵过乘法口诀吧。是不是现在仍然可以不假思索地说出"二二得四""五六三十"？这就是通过耳朵

重复接收的信息根植于潜意识之中，然后人们在无意识中做出反应的典型例子。

或者总是听到某个电视广告的宣传曲的旋律，然后在不经意间自己就轻声唱了出来。这也是"无意识的反应"。被烙印在潜意识之中的信息就会像这样通过行动、语言和表情等方式表现出来。

成年人不用每天都提醒自己"今天要刷牙"，早晨起床后和晚上睡觉前刷牙几乎成了我们的条件反射。这是因为在我们小的时候，"吃了东西之后一定要刷牙"的信息就被烙印在我们的潜意识之中，然后通过无意识的行动表现了出来。

自己即便没有意识到，也会自然而然地去做的事情，就是"习惯"。

发自内心地露出笑容的销售员，并不是下意识地保持微笑。"如果顾客购买并使用了这件商品，一定会得到好处"的信息被深深地烙印在他们的大脑之中，所以他们养成了下意识地露出笑容的习惯。顾客看到这样的销售员，自然会产生"这个人不错""愿意和他聊天"的感觉。

也就是说，我们以为与生俱来的资质和性格，其实都是烙印的结果，是诞生于潜意识的习惯。而且习惯不只是单纯的动作和行动，还包括你的生活方式。

习惯的关键

DAY 001 ◇ 人与人之间的差异不是能力问题造成的，而是习惯的积累导致的。

习惯的关键

DAY 002 ◇ 反复听到的话语会烙印在潜意识之中并形成习惯。

003

改变习惯，改变人生！

业绩不佳的销售员也可以通过"一个习惯"成为销售冠军

"烙印形成的习惯，造就了现在的自己。"听到这句话，或许有人会想：

"原来我现在这么失败，是因为家长的教育方法不对。"

"因为上司总是否定我，所以我的工作才做不好。"

但请等一下，你还忘了一件非常重要的事情。那就是"自己也可以给自己的大脑打上烙印"。

如果你想要改变自己，那么就从现在开始给自己打上新的烙印吧。不管你现在多大年纪，身处什么环境，只要自己想做，马上就可以开始。

哪怕是从小事开始也没关系。首先决定做什么，其次下意识地"重复"，直到将其烙印在大脑里。这样一来，你就能够养成与之前截然不同的习惯。

过去的习惯不断积累，造就了今天的自己。所以，只要从现在开始让习惯不断积累，就可以造就将来的自己。只要改变习惯，就能改变人生。

在参加我的讲座的听众中，有许多人都通过改变习惯成功地改变了自己的人生。

有一位从事销售工作的男性，因为销售业绩不佳而非常烦恼。他所在的那家公司采用的是零底薪高提成制，所以业绩不佳的他几乎没有收入，就连养家糊口都非常困难，人生几乎陷入绝境。

为了摆脱绝境，这位男性决定养成"每天给 10 个客户打电话"的习惯。在坚持这个习惯一年之后，他成为公司里销售业绩最好的销售员。

　　还有一位销售员，决定"给每一个新客户都发送一封诚意满满的邮件"。结果这位销售员的客户回购率和介绍率都得到了大幅的提高。除此之外，还有许多业绩不佳的销售员，通过改变习惯并坚持下去而成为销售冠军。这就是习惯的强大力量。

　　不管是打电话还是写邮件，这都是微不足道的小事。如果只坚持一两天的话，很难取得显著的成果。但是，如果能够坚持一年以上的话，至少也会使自己产生"我也能坚持这么长时间"的自信。即便是总习惯将"我不行"挂在嘴边的人，也会开始相信"我能做到"。

　　也就是说，"养成一种习惯"本身就能够使你发生改变。关键不在于"坚持了什么"，"坚持"这种行为本身就拥有巨大的价值。

　　我们虽然无法改变过去，但是可以改变未来。而改变未来，首先要从"养成习惯"开始。哪怕是从小事开始也可以，请坚持下去。这是改变人生非常重要的第一步。

习惯的关键

DAY
003

哪怕是一件小事，只要坚持下去也能改变未来。

004

轻而易举"养成习惯"的方法
这项技能是你受用一生的宝贵财富

　　一旦养成了"坚持某件事"的习惯，就相当于掌握了一个非常强大的武器。

　　因为不管这个"某件事"是"工作""学习"还是"减肥"，你需要做的事情其实都一样。那就是搞清楚"为了实现目标需要做什么"，然后坚持去做。就是这么简单。

　　养成习惯的方法远比你想象的更加简单。所谓习惯，就是"遵守与自己的约定"。比如前文中提到的那个销售员，"每天给10个客户打电话"并不是他和别人的约定，而是他和自己的约定。他遵守了这个约定，所以他的人生发生了巨大的改变。

　　关键在于明确约定的内容。可别小看了这一点，实际上很多人都没有做到。

　　即便心里想着"要更加努力才行"，却没有明确"具体应该怎么做", 结果就是每天的行动没有发生任何改变, 当然也不可能养成习惯。

绝大多数人都认为"习惯难以坚持下去", 但事实并非如此。因为缺少了"明确约定的内容"这个关键步骤, 所以人们才会觉得"习惯难以坚持下去"。

反过来说, 只要自己明确约定的内容, 那么不管什么习惯都能养成。对一直以来都难以养成习惯的人来说, 这绝对是一个好消息。

同时, 因为是由我们自己决定"做什么", 所以我们可以不受他人的影响, 自由地开拓自己的人生。这么想的话, 是不是感觉稍微轻松一些了呢?

只要掌握了养成习惯的方法, 那么不管在人生中遇到什么情况, 都可以使用这个技能。习惯将是你受用一生的宝贵财富。

习惯的关键

DAY
004

◇ 只要掌握了养成习惯的方法, 就可以在人生的任何情况下进行应用。

005

习惯是你最强大的武器

只要做一个小小的改变，你的身边就能充满机遇

很多人都这样认为："只是养成一个习惯而已，根本不可能改变人生。"

这真是非常遗憾，因为习惯是改变未来的最佳手段。明明有改变未来、让未来变得更加理想的方法，却不去尝试，还有什么比这更遗憾呢？

"话虽如此，但也有很多事是习惯无法改变的啊。就算工作再努力，要是整个社会经济不景气，或者跟上司就是合不来，自己也毫无办法吧？"或许有人会提出这样的反对意见。

但真的是这样吗？也许"经济不景气"的情况确实存在，但具体怎么理解是因人而异的。有的人认为"因为经济不景气所以工作不好做"，也有的人认为"经济不景气的同时也存在着机遇"，并且趁此机会开创新事业、开拓新客户。也就是说，"因为

经济不景气所以工作不好做"只是自己一厢情愿的想法罢了。

同样，在这个世界上并没有"惹人讨厌的上司"，只有"认为上司很讨厌的自己"。总之，记住一点，一切都是由我们自己决定的。

事实只有一个，但理解的方式可以有成百上千个。这种思考方法也是一种习惯。

"在这种时候，应该这样想"的思考习惯不断地积累，最终造就了现在的自己。所以只要改变习惯，就可以造就出"将经济不景气看作机会""能够发现上司身上的优点"的自己。

如果将习惯变成自己的朋友，就可以不受他人和环境的影响，自由地享受人生。习惯是比资格证书和教养更加强大的武器，请务必牢记这一点。

习惯的关键

DAY

005

◇ 改变习惯就能改变对事物的看法，改变对事物的看法就能改变人生。

006

工作、人际关系、金钱、健康……
"习惯的力量"让一切都变得顺利

坚持任何人都能做到的简单行动，改变自己的人生

养成习惯的技巧，可以应用在人生中的方方面面。

听我这么说，可能还有人对此半信半疑。我曾经见证了许多人通过改变习惯而极大地改变了自己的人生。

参加我的讲座的人，大多在工作、人际关系、金钱、健康等方面存在问题和烦恼，他们都迫切地希望改变自己的人生。此外，我还为在学习和运动上遇到瓶颈的孩子，以及专业的运动员提供过指导。

但不管接受指导的人是谁，我告诉他们的都只有一件事，那就是"养成习惯的方法"。我之所以对习惯的力量深信不疑，正是因为我目睹了许多不同年龄、性别、职业的人通过养成习惯而得到了巨大的改变。

接下来，我将为大家举几个真实存在的例子。

案例 1　养成"一张纸"的习惯，从普通的工薪族变为优秀的经营者

A 先生曾经是在某企业中就职的一名普通工薪族。当时他被繁忙的工作搞得身心俱疲，感觉人生既没有梦想也没有希望，于是来向我求助。

A 先生认为我说的"哪怕是从小事开始也没关系，请坚持下去"很有道理，于是做出了这样的决定："将每天要做的事情写在一张纸上，不全部做完决不睡觉。"然后他就开始坚持这个习惯。

10 年后的今天，他发生了怎样的改变呢？现在的 A 先生拥有自己的公司，业务遍布全世界 15 个国家和地区，他已经成为一名全球化企业的经营者。

A 先生所做的事情其实很简单，只是坚持"一张纸"的习惯而已。将每天要做的事情写出来，可以知道"自己真正想做什么"，然后就会为了实现这个目标而努力。

坚持这个习惯 10 年，结果就是他实现了"将事业拓展到海外"的梦想。只是从"一张纸"开始的习惯，就给人生带来了如此巨大的改变。这就是习惯的力量。

案例 2　利用语言的习惯成功减重 10 千克

B 女士曾经对自己非常没有自信，总是阴沉着脸。因为她对自己臃肿的身材感到自卑。她来参加我的讲座，听到关于烙印的内容之后做出了这样的决定："每天吃东西的时候，要一边吃一边说'吃这个身材会变好'。"

可能在别人看来这样做显得很傻，但 B 女士对"大脑认为耳朵接收到的信息全部是真实的"这句话深信不疑，一直坚持边吃边说的习惯。

结果，她成功减轻了 10 千克的体重。她甚至还参加了减肥成功者的选美大赛，对自己充满了自信。现在的她和以前相比简直判若两人，有了自信之后，她找到了一份自己真正想做的工作，每天都生活得充满干劲。

她所做的事也很简单，只是在吃东西的时候说出自己决定要说的那句话。既不用严格地节食，也不用拼命地运动。

不管是多么小的事情，只要坚持做就会有回报。B 女士的成功经历充分地证明了这一点。

案例 3　每天早晨的习惯使 40 岁的拳击手重返拳坛

C 先生从 25 岁开始就作为专业的拳击运动员参加比赛。他曾经答应已经去世的父亲"一定要成为冠军"，但直到退役也没拿过一次冠军。一直对这件事耿耿于怀的 C 先生终于在 38 岁的时候决定复出。

但重新开始训练之后，C 先生发现自己很难坚持每天早晨起来跑步。上了年纪的身体和年轻时完全不同，疲劳感很容易积累，C 先生经常因为"今天身体太疲惫了，休息一天"之类的原因缺席训练。

他认为"应该先从简单的训练开始"，于是做出这样的决定。"每天早晨起来，穿上运动服去外面走走。"也就是说，不强迫自己"每天早晨跑步"，而是养成每天早晨都出门的习惯。

这样一来，即便早晨仍然很困或者感觉身体很疲惫，也能够坚持起床外出。而一旦走出大门，自然而然地就会产生"既然都出来了，不如跑跑步吧"的想法。结果 C 先生就这样让晨跑的习惯得以坚持下来。

最终，C 先生在 40 岁的时候在超轻量级冠军赛中击倒对手获胜，终于实现了自己答应父亲的事。习惯拥有战胜年龄和空白期的力量。C 先生的事例，充分地证明了这一点。

案例 4　利用说"谢谢"的习惯改善家庭关系

D 先生一直为自己的家庭关系感到烦恼。因为孩子的教育问题，他总是和比自己大一岁的妻子发生争执。

但当看到年幼的儿子目睹父母争吵而感到不安和胆怯时，D 先生顿时清醒了过来，他决定"无论如何都要想办法改善夫妻关系"。

于是 D 先生做出了这样的决定："每天对妻子说'谢谢'。"接着，他每天都坚持对妻子表示自己的感谢之情。

"谢谢你帮我照顾孩子。"

"谢谢你每天给我做饭。"

以前 D 先生总是将"少啰唆""你不说我也知道"之类的话挂在嘴边，现在他将这些话都换成了"谢谢"。终于，妻子的脸上又恢复了明朗的笑容，孩子的情绪也恢复了稳定。家人之间的交流越来越多，家里的气氛也变得更加温馨、和谐。

习惯，拥有能够改变人与人之间的关系的强大力量。

上述的这些事例，只是我目睹的事例中很小的一部分。到目前为止已经有几百人像上述事例中的人一样，通过习惯的力量改变了自己的人生。

除此之外，还有对经济问题感到不安的月光族终于存下了钱，屡战屡败的中学足球弱旅战胜了足球强校，讨厌学习的孩子自己主动拿起课本……不管男女老少，都通过养成习惯发生了巨大的变化。

只要掌握了养成习惯的能力，不管面对怎样的烦恼和问题，都能迎刃而解。见证了许多人通过养成习惯而获得了幸福人生的我，对此深信不疑。

习惯的关键

DAY
006

养成习惯能够使人生发生意想不到的巨大变化。

007

任何人，不管多大年纪，都能养成习惯

从今天开始养成习惯，
从明天开始人生就会发生改变

　　养成习惯从来不会"太迟"。"任何人，在任何时候都可以开始。"这也是习惯最大的优点。

　　习惯是帮助我们拥有理想人生的一种方法和手段。而理想和梦想是不问年龄的。这里说的理想和梦想不能违背物理规律。比如，即便我的理想是"飞上天空"，我也不可能像超人那样在天空中自由地翱翔。

　　但如果我的理想是"拿到飞行执照，驾驶飞机飞上天空"，那又如何呢？我今年60岁，如果用10年的时间，我完全有可能考取飞行执照，并且存够买一架小型飞机的钱，到时候我就可以飞上天空了。

　　10年后我70岁，要想做到这一切确实并不容易，但完全符合物理规律。所以，这个梦想完全有可能实现。

今天，是我在余下的人生中最年轻的一天。

今天对每个人来说都是平等的。只要从今天开始养成一个习惯，那么从明天开始，人生就会切实地发生改变。

所有人，在每一天都能获得改变未来人生的机会。

习惯的关键

DAY
007

◇ 每一天都有开始养成习惯的机会，每一天都可以是改变人生的新起点。

008

与意志、干劲和才能无关

改变人生只需要"自我感觉良好"

养成习惯不需要意志、干劲和才能。因为"能力的有无"和"意志的强弱"根本就没有一个判断的基准。

既然没有判断的基准，那么"能力的有无"和"意志的强弱"又是谁决定的呢？答案是我们自己。明明没有判断的基准，我们却擅自认为"我没有能力""我意志薄弱"。

但实际上，这全都是自己的错觉。这种错觉是由习惯产生的。

比如考试考了 50 分，看到分数之后你会认为"只考了50 分，我没有能力"，还是认为"考了 50 分，我能力还挺强的"呢？

不同的思考习惯，会使人产生"有能力"和"没能力"的错觉。

　　既然如此，只要保持"自我感觉良好"就可以了。一开始哪怕是自欺欺人也没关系，关键在于一定要相信"我是天才""我的意志力很强"。

　　因为我们的大脑很好骗，所以这种感觉会被烙印在我们的潜意识之中，使我们在不知不觉间就作为"有能力的人"和"意志力强的人"而采取行动。

　　要想改变人生，不需要意志、干劲和才能，只需要"自我感觉良好"。这样不管遇到什么问题，你都会觉得"自己能行"。

习惯的关键

DAY
008　　　放飞自我，大胆地"自我感觉良好"吧！

009

我曾经也什么都坚持不下来……
32 岁跌落人生谷底的我遇到了改变命运的机会

　　别看我现在风光地向别人传授习惯的重要性，我曾经也是个什么都坚持不下来的人。那时的我沉迷赌博，手里一有钱很快就会花光，稍有不顺心的事就对周围的人大发雷霆，可以说浑身都是臭毛病。

　　当然，那时我的人生也是一塌糊涂。

　　我从 20 多岁起就开始尝试创业，但不管干什么都以失败告终。我欠了很多钱，身边的人对我都避之不及。于是我自暴自弃，结果又不知道给周围的人添了多少麻烦……

　　当时我对"反正自己什么也做不好"深信不疑，人生几乎走入绝境。

　　而改变我的，是我在 32 岁的时候参加的一个学习班。一个关心我的朋友对我说"这或许会成为你改变自己的契机"，他推荐我去参加，这也是我第一次感受到习惯的力量。

在学习班里，有一位年龄比我大很多的 60 岁的男性。他说自己有"每天写信"的习惯。这位男性在不久之前再婚了。再婚的对象也是再婚，带着一个十几岁的女儿。

这个女儿和已经去世的亲生父亲感情很好，所以对继父很排斥。女孩由于不愿意在家里住，决定去一所全寄宿制的高中念书。但这所学校似乎很乱，有很多学生退学。

他担心女孩遇到什么困难，认为自己身为父亲应该为女儿做些什么，于是决定"每天给女儿写一封信"。然后他每天都坚持给女儿写信，一天也没有间断。

信件的内容每天都有所不同，但最后他一定会写上这样一句话："我相信你。"他将自己对女儿的全部感情都寄托在这句话中，坚持给女儿写信。

女孩因为不承认他这个父亲，所以从不回信。即便如此，在女儿上学的 3 年间，他也一直坚持写信，一天也没有间断。

到了参加毕业典礼的那一天，女孩终于第一次叫了那位男性"爸爸"，并且对他说了"谢谢"。从此以后，他们终于变成了真正的父女。

听了他的话，我受到了极大的触动。"只是'每天坚持做同样的事情'，竟然能拥有如此强大的力量？"这就是我与"习惯"的初次邂逅。

因为这次的经历，我也开始思考"自己应该坚持做些什么"。而我最终想到的，是曾经在书店里看到的一句话："感谢您将我生出来。"这句话给我留下了非常深刻的印象。因为我总是给父母添麻烦，让他们为我担心，而我从来没有对母亲说过一句"谢谢您"。我的母亲曾经历过 4 次流产和死产，经历了这么多的苦难之后，终于在第 5 次怀孕后生下了我。

母亲不顾生命危险生下我，而我不但没有感谢过她，反而还对她说过"就因为你生下了我，所以我才变成这么没用的人"这样过分的话。我觉得自己真是一个浑蛋。

于是我在纸上写下这样一句话："非常感谢您不顾生命安危生下我。今后我会努力让您觉得'生下我真是太好了'，所以请您一定要长命百岁。"并且，我决定每年的 1 月 1 日都在母亲面前大声地念出来。

当我第一次将这句话念给母亲听的时候，她脸上露出的表情我至今记忆犹新。遗憾的是，后来母亲很快就去世了，我念给她本人听的机会只有 2 次。

但从那以后，我养成了在每年的 1 月 1 日向母亲的灵位念这句话的习惯。不可思议的是，在我坚持向母亲说"谢谢"的过程中，我也开始自然而然地对其他人说"谢谢"了。

与此同时，我也开始意识到，之前我认为理所当然的事情其实并非理所当然，而是非常值得感恩的事情。

电车准时抵达，让我能够按时上班，所以应该对电车司机说"谢谢"。

公司的大堂被打扫得干干净净，所以应该对清洁工人说"谢谢"。

我逐渐拥有了一颗能够对生活中的小事感恩的心。不知从什么时候起，我和周围的人之间的关系变得和谐起来，工作也越来越顺利。

母亲生前经常教育我"要做一个对他人有用的人"，于是我开始思考如何让更多的人也能够实现自己的梦想，拥有理想的人生。我现在之所以从事习惯养成顾问的工作，就是因为这个原因。

除此之外，我还有许多决定要坚持的习惯。

脱下鞋子之后一定要摆好。

打招呼的时候看着对方的眼睛。

每天写博客。

虽然都是一些小事，但正是这些习惯成就了今天的我。

我效仿那位男性，也养成了"给一个人连续写 100 封信"的习惯。只要是给我提供过帮助，或者是我想要传达心情和想法的对象，我都会写亲笔信寄给对方。

我还会在每年的元旦对孩子们表达自己的感谢之情，这也成了一种习惯。就像之前对母亲做的事一样，我也将对孩子们的感谢之情写在纸上，然后当着他们的面念给他们听。

"非常感谢你们来到这个世界上成为我的孩子。你们上中学的时候曾经说过'很尊敬父亲'，这句话一直激励着我，让我努力成为能够一直受你们尊敬的父亲。你们也要活出自己的人生。"

既然在孩子们的面前说出了这样的话，那身为父亲的我就不能因为一点小事而退缩和偷懒了。每年给孩子们念完这段话后，我要成为"一直受孩子们尊敬的父亲"的念头就加强了几分。

就这样，我被习惯的力量拯救了。曾经什么都做不好、工作和人际关系全都跌落谷底的我，通过改变习惯使人生发生了彻底的改变。

既然我能做到，那么你当然也能做到。本书介绍的是不管男女老少，任何人都能做到的实用方法。只要坚持去做就一定会有成效，所以首先选择一件自己喜欢的或者认为能够做到的事情，然后试着坚持做下去吧。

习惯的关键

DAY 009

◇ 只是一个小小的习惯，就能给人生带来惊人的改变。

010

利用习惯的力量，变成理想中的自己

当你想要改变人生的时候，人生就开始改变了

　　读到这里，或许还有人担心"真的能够改变自己、改变人生吗"。请放心，你一定能改变自己、改变人生，我向你保证。

　　因为，你拿起了这本书。

　　当你想要改变人生的时候，人生就开始改变了。"想要改变现在的自己"，其实就是"想成为理想中的自己"。只要你的心中有理想，那么你就一定能够拥有改变自己的力量。

　　接下来，就是利用习惯的力量来切实地改变。

　　常言道："人生不如意十之八九。"这其实是非常大的误解。

　　每个人都可以拥有理想的人生。更准确地说，人生会按照理想的方向前进。

　　如果一个人没有"成为专业的棒球选手"的理想，那他肯定不可能成为专业的棒球选手。"我从没想过要打棒球，结果一不

小心就进入大联盟了"，这样的人是绝对不存在的。

人们能够成为理想中的自己。想着"改变自己"而拿起这本书的你，毫无疑问将拥有这种力量。

所以，请一定要相信这种力量，然后通过本书迈出"成为理想中的自己"的第一步。

习惯的关键

DAY
010

要相信，人生会按照理想的方向前进。

第 2 章

为什么
你坚持不下来?

011

习惯究竟是什么？

习惯是"本性"

一般来说，习惯可以被理解为"坚持做某事"。

但如果每次在做的时候都下意识地提醒自己"必须要坚持"，那么严格地说这不能被称为习惯。正如我在第一章中说明的那样，习惯是潜意识中的烙印所引发的无意识的反应。

也就是说，自己在无意识中做的事情，才是习惯。

就算每天不提醒自己"今天必须刷牙"，我们也会按时刷牙，这种状态就是习惯。小朋友们只有在父母的提醒下才会去刷牙，这种状态则不能被称为习惯。

当然，在最开始的阶段，所有人都需要有意识地去刷牙。但在重复了成千上万次之后，刷牙这种行动就会烙印在我们的潜意识之中，让我们在无意识的状态下也能自己行动。

从这个角度来说，习惯真是个非常可怕的东西。

因为是在无意识之中做出的行动，所以我们自己对此根本无法感知。

但这种无意识下的言行，最能反映人类的"本性"。

不管怎样修饰自己的表情和言行，只要内心存在"另一个真正的自己"，那么这种表情和言行就只能停留在有意识的层面上，也就是我们常说的"做作"。

而与我们有意识地采取的行动相比，别人会更关注我们在无意识中流露出来的习惯。

比如，销售员一直保持着满脸的微笑，但在遭到拒绝的瞬间脸色一下子阴沉下来，那么一定不会给顾客留下什么好印象。

所以，如果你希望给别人留下一个好印象，那么就必须养成不管在什么情况下"都能无意识地露出笑容"的习惯。

就像每天自然而然地就会刷牙一样，只有在无意识中露出笑容，才叫养成了"习惯"。

可能有人觉得，"这也太难了吧，我可做不到"。

但请放心。当你认识到自己的"本性"和"理想中的自己"之间有偏差，并且能够接受这个事实时，你就已经迈出了改变自己的第一步。

只有认清自己现在的位置，才能知道自己距离目标还有多远。只有认清自己现在的"本性"，才能朝着"理想中的自己"前进。

但这绝不是说让你否定现在的自己。

现在的自己是由过去的习惯所造就的，只要了解了这个机制，接下来就可以按照自己的理想来塑造未来的自己。

接下来，我就为大家详细地介绍使"习惯=本性"的方法。

习惯的关键

DAY
011

"习惯"指的是自己在无意识中采取的行动。

012

为什么你坚持不下来？

大脑只能坚持快乐的事情，
其他的事情都坚持不下来

你到目前为止遭遇过挫折的习惯都有什么呢？学英语、减肥、攒钱……可能还有很多很多吧。

那么，你到目前为止坚持下来的习惯都有什么呢？认为"全都没坚持下来"的人也请仔细地想一想。

每天在电车里玩手机。

饭后一定会吃甜点。

拿到工资后立刻去买东西犒劳自己。

想必很多人都坚持了这样的习惯吧。那么，能坚持下来的习惯和坚持不下来的习惯之间究竟有什么区别呢？区别就在于"大脑能不能从中感觉到快乐"。

学英语不快乐，玩手机快乐。减肥不快乐，吃甜点快乐。存钱不快乐，买东西快乐。

快乐与否是决定能不能坚持下来的关键。"就这么简单吗?!"可能有人对此感到惊讶。但从大脑的机制来看，确实就是这么简单。

从五感进入大脑的信息，都会由一个名为"杏仁核"的部位来判断"快乐"还是"不快乐"。

如果"杏仁核"感到"快乐（喜欢、高兴、激动等）"，就会主动接近。这被称为"接近反应"。

如果"杏仁核"感到"不快乐（讨厌、无聊、悲伤、气愤等）"，则会选择敬而远之。这被称为"回避反应"。

所以，做喜欢的事情能坚持下来，做不喜欢的事情则坚持不下来。人类只能坚持自己喜欢的事情。

而绝大多数的人都认为"做这件事是正确的，所以必须坚持"。

不玩手机、认真学习是正确的。少吃甜食、健康饮食是正确的。不乱花钱、适度存款是正确的。

正是这种思考方式，让我们坚持做正确的事。

但是，我们的大脑不会因为正确而坚持。如果没有能够刺激大脑的感情，不管是多么正确的事情，大脑都会自主地产生回避反应。你之所以无法坚持习惯的原因就在于此。

所以，想把习惯坚持下去的关键，不是强迫自己做正确的事，而是努力让做正确的事变得快乐。

　　"本来就是很讨厌做的事情，怎么可能变得快乐呢？"或许有人会这样想吧。但人类的大脑其实非常单纯。

　　假设你对英语学习感到很头疼，尝试了好几次都以失败告终。结果某天你去一家新开的英语学校，发现里面的外教和你最喜欢的好莱坞影星长得很像。

　　你每次见到那位外教都会感到很开心，自然而然就会坚持去学习英语了。就算你并不喜欢学英语，只要你愿意去学校，就也能养成学英语的习惯。

　　像这样让大脑感到兴奋其实非常简单。但是因为很多人并不知道自己的大脑也能够对"快乐"和"不快乐"做出反应，所以对"就算痛苦，也要靠毅力和干劲坚持下去"的想法深信不疑。

　　而在认识到自己的行动会受"喜欢"和"讨厌"的感情影响之后，我们就能找到养成习惯的突破口。

013

我们果然被习惯操控了

人类的感情被"过去的数据"控制了

那么，"杏仁核"判断"快乐"和"不快乐"的基准是什么呢？基准是"与过去的感情相配套的记忆"。即便摆在眼前的是同样的工作，对于拥有不同的记忆的人，大脑做出的判断也截然不同。

对于过去做这项工作不顺利的人，"杏仁核"会根据这段记忆做出"不快乐"的判断。于是这个人就会因为"讨厌"和"痛苦"的感情而"不愿意做"这项工作，也就是所谓"回避反应"。

而对于过去做这项工作非常顺利的人，"杏仁核"则会根据这个数据做出"快乐"的判断。于是这个人就会因为"高兴"和"有趣"的感情而"愿意做"这项工作，也就是所谓"接近反应"。

总之，"快乐"和"不快乐"的感情，都是我们根据自己的经历做出的判断。而在最开始的时候，并没有"快乐的工作"和"不快乐的工作"之分。

有人认为我们的大脑一天要对"快乐"和"不快乐"进行 7 万次的判断，还有人认为是 12 万次，但不管哪一种都是非常庞大的数字。由此可见，感情确实对我们的行动有着重要的影响。

人类的大脑还有一个特点，那就是"更容易记住负面的感情"。所以在我们的大脑中，关于不顺利的数据要比顺利的数据多得多。

结果就是我们在制定工作和学习的目标时，会根据过去的记忆产生"做不到""不可能"的想法，最终选择放弃。遇到问题和危机的时候，也会根据过去的记忆产生"没办法""糟糕了"的感觉，结果因为恐惧和不安而畏缩不前。

对业绩不佳的销售员来说，真正的难题并不是成为销售冠军，而是产生"我要成为销售冠军"的想法。对身处弱旅的棒球选手来说，真正的困难并不是进军甲子园，而是产生"我们要去甲子园"的想法。

我们人类拥有优秀的记忆力，所以感情总是会受到过去的数据的影响。过去的记忆决定感情，感情决定行动。而行动的不断积累，就会变成习惯。

习惯的关键

DAY
012

令人感到痛苦的事情当然坚持不下去。首先要将痛苦变为兴奋。

习惯的关键

DAY
013

过去的记忆决定感情，感情决定行动。而行动的不断积累，就会变成习惯。

014

为什么改不掉坏习惯？

想减肥的话就不要吃甜食

现在我们知道，根据"杏仁核"做出的"快乐"和"不快乐"的判断，可以将人类的感情和行动分为"接近反应"和"回避反应"。

人类的感情和行动看似非常复杂，但实际上只有"接近"和"回避"两种。而将关注点放在反应模式上之后，就可以很明显地区分出"擅长的人"和"不擅长的人"。

两者之间的区别如下：

擅长的人会接近有必要的东西，回避没必要的东西；不擅长的人则会回避有必要的东西，接近没必要的东西。

这究竟是怎么一回事呢？让我们来具体地看一下。

擅长的人的反应模式一般都是这样的：

学英语必须随身携带词典，将词典放在随身的背包里，一有时间就拿出来翻阅——这就是"接近有必要的东西"。

减肥必须控制甜食的摄入量，去便利店买东西的时候远离卖甜食的货架——这就是"回避没必要的东西"。

不擅长的人的反应模式则是这样的：

学英语必须随身携带词典，却将词典放在桌子的一角——这就是"回避有必要的东西"。

减肥必须控制甜食的摄入量，去便利店买东西的时候靠近卖甜食的货架——这就是"接近没必要的东西"。

由此可见，"该做的事情不做，不该做的事情却做了"，这就是什么事都做不好的人的反应模式。"改不掉坏习惯"的人的反应模式也属于这一种。

要想取得工作成果就要多去走访客户，结果却走进了网吧；要想拥有健美的身材就应该下班后去健身房，结果却走进

了酒吧……像这样总是接近没必要的东西，就永远也改不掉坏习惯。

要想改掉坏习惯，养成好习惯，就必须有意识地将自己的反应模式切换为"接近有必要的东西，回避没必要的东西"。

习惯的关键

DAY
014

接近有必要的东西，回避没必要的东西。

015

究竟是什么在阻碍我们养成习惯

选择"轻松"还是"充实"是人生的分水岭

　　为了能够顺利地养成习惯，还有一点必须了解。那就是人类拥有"安乐的欲求"和"充实的欲求"两种欲求。

　　安乐的欲求就是"想要轻松的人生"的心理。除了食欲、睡眠欲、性欲这三大欲求，物欲、支配欲、私欲等都属于安乐的欲求。

　　充实的欲求则是"想要充实的人生"的心理。自我实现欲、自我成长欲、价值创造欲和社会贡献欲都属于充实的欲求。

　　在养成习惯时，这两种欲求肯定会发生冲突。我们在追求"希望养成让人生更加美好的习惯"的充实的欲求的同时，还会追求"那么努力太辛苦了，还是放弃吧"的安乐的欲求。

　　如果安乐的欲求占了上风，那么习惯就很难坚持下去。即便我们的大脑认为"应该这样做"，但如果安乐的欲求太强，我们最终还是会放弃。

我们追求哪种欲求，决定了我们思考和行动的模式。

追求安乐的人，其思考模式往往是这样的：

· 怕麻烦

· 害怕承担责任

· 不愿尝试新事物

结果，这样的人就会将如下的行动模式习惯化：

· 将责任转嫁给他人

· 没有指示就不会行动

· 处理问题不及时，工作迟迟得不到改善和提高

由此可见，追求安乐的人秉持的是"依赖型"的人生态度。他们认为"就算自己不做也有人帮我做""做不到就是别人的错"，从来不会自己思考和行动。

追求充实的人，则是如下的思考模式：

· 只要能达成目标，不管多麻烦都会去做

· 主动承担责任

· 渴望尝试新事物

这样的人会将如下的行动模式习惯化：

· 自己承担责任

· 就算没有指示也会自己思考采取行动

· 及时处理问题，不断使工作得到改善和提高

由此可见，追求充实的人秉持的是"自立型"的人生态度。所谓"自立"，指的是不管处于怎样的环境和条件下，都能够最大限度地发挥自己的能力，开拓出前进的道路。它与依赖他人的生存方式完全相反。

要想养成良好的习惯，实现自我的成长，应该选择"轻松"还是"充实"呢？毫无疑问，当然是"充实"。

只要不被眼前的安乐诱惑，有意识地选择度过充实的人生，那么不管多大年纪，都能够取得成长。

人类如果不刻意控制自己的话，就会自然地沉迷于安乐的欲求。毕竟与辛苦努力相比，谁不喜欢轻松享受呢？但这样做无法养成好习惯，自然也无法使人生变得更美好。

你是想继续选择轻松的道路，还是为了获得更美好的人生，采取充实的行动？请扪心自问，你真正希望拥有的究竟是哪一种人生？

习惯的关键

DAY
015

◆ 选择充实的人生，不管多大年纪都能够取得成长。

016

习惯 = 决心的坚定度 × 重复的次数

只要明白了原理，就能养成习惯

不被安乐的欲求诱惑，追求充实的欲求，具体应该怎么做呢？答案是"明确自己的理想状态"。

养成习惯的法则可以用下面这个公式来说明：

"习惯 = 决心的坚定度 × 重复的次数。"

要想养成习惯，必须有意识地重复做同一件事。但前提必须是"自己想要这样做"，否则很难坚持下来。也就是说，决心的坚定度越高，养成习惯的成功率就越高。

比如，先试着想一想自己 5 年后或 10 年后的理想状态。

当然，这只是迈出了养成习惯的第一步，要想把习惯坚持下来，必须提高决心的坚定度。提高坚定度的秘诀在于，想象一下"当实现目标时，谁会对此感到喜悦"。因为人类在努力的时候，都需要一种"自己被别人认可"的认同感。

当自己取得成果的时候，成功的喜悦与他人对自己的成果给予的认可是最好的原动力。这个人可以是家人、朋友、上司、同事，甚至是工作上的合作伙伴和客户。你想象得越具体，决心的坚定度就越高。

当你将"坚定的决心"与"不断重复"这两者结合在一起的时候，你就能够获得习惯这个宝贵的财富。

在本章中，我为大家解说了养成习惯的机制。

或许还有人认为："既然我们被大脑的活动和本能的欲求支配，又怎么可能战胜它们养成习惯呢？"其实这种担心是多余的。只要了解了其中的机制，我们就可以反过来利用自己的特性和本能，养成良好的习惯。

在下一章，我将为大家介绍养成习惯的具体方法。

习惯的关键

DAY
016

"想要成为理想中的自己"的决心越坚定，养成习惯的成功率就越高。

第 **3** 章

意志薄弱的人
也能坚持下来！
养成习惯的
最强技巧

017

首先从"小习惯"开始

小习惯的积累也能给人生带来巨大的改变

"我希望通过改变习惯来改变人生。"如果你是这样想的，那应该做什么就很明显了。那就是从"小习惯"开始。

即便想要改变自己，也不能一开始就从最困难的事情做起。改变人生不可能一蹴而就，而是日常生活中的小习惯不断积累的结果。这将改变你的本性，最终改变你的整个人生。

将任何人都能做到的事，坚持到任何人都坚持不了的程度。当你做到这一点的时候，您就一定能够亲身体会到习惯的力量。

光说"小习惯"，可能有的人一时想不出都有什么。具体来说就像以下这些内容：

· 早起

· 写日记

· 用通勤时间读书

·将脱下来的鞋子摆好

·主动和同事打招呼

·收拾眼前的垃圾

"啊？就这么简单吗？"没错，就是这么简单。就像我前面说的那样，选择那些看起来"任何人都能做到"的事情，和自己做一个约定。

不必把这件事想象得有多难。只要将那些自己以前想着"有时间的话就做""有机会的话就做"的事情挑出来就行。

"只是将脱下来的鞋子摆好，真的能够改变人生吗？"实际上这样做的重点不在于"做了什么"，而在于"遵守了与自己的约定"。将这些小事一天一天地坚持做下去，可以使自己产生自信，并从中获得成就感。

我在第 2 章中说过，人类的感情会被过去的记忆影响。所以，只要坚持习惯的记忆越多，在做其他事情的时候，就会自然地产生"我能做到"的信心。

在不知不觉中，你的人生就会发生巨大的转变。而这一切的出发点，就是"小习惯"。

很多参加过我的讲座的人，都是首先从"小习惯"开始坚持下去，结果成功地改变了自己的人生。

案例 1　坚持每天扔垃圾，销售业绩得到了提高！

E 先生一直坚持"到家后扔 3 件垃圾"的小习惯。

当时他是保险公司的业务员，一直因为业绩不佳而苦恼。我仔细询问了他每天如何生活，他回答说："每天下班到家之后，我会马上脱掉西装坐在沙发上打开电视。"

因为工作很疲惫，所以到家后他只想好好地放松一下。结果就是连房间也不打扫，家里到处都乱七八糟的。

我给他的建议是："在脱掉西装之前，收拾任意 3 件垃圾扔出去。"E 先生认为"这种事应该能做到"，于是和自己做出了约定。

在坚持这个小习惯的过程中，E 先生忽然发现自己不再看电视了。扔掉垃圾，将房间收拾干净之后，桌面也变得整洁起来。于是 E 先生觉得"不如顺便确认一下明天的工作任务和客户的联系方式吧"，结果就养成了提前一天做时间表的习惯。

不再熬夜看电视之后，E 先生在早晨起得更早，工作的时候精力也更加充沛。

结果，E 先生在工作上再也没有出现过失误，工作效率也得到了提高。业绩自然也出现了惊人的提升。

E 先生坚持的只是"扔 3 件垃圾"的小习惯而已，但这种小习惯改变了 E 先生"喜欢拖拉""讨厌麻烦"的"本性"，使 E 先生在工作上更加顺利。E 先生一开始可能也很疑惑："我想提升工作业绩，为什么要扔垃圾呢？"但这正是坚持"小习惯"的神奇之处。

案例 2　坚持写博客终于成功出书

F 先生决定"每天都写博客"，并且将这个习惯一直坚持了九年半。

博客的内容是对一天的生活的回顾和感想，或者书的读后感。虽然只是打算像写日记一样随便写点什么，但一开始的时候 F 先生根本不知道应该写什么好，甚至经常要苦恼一两个小时才能写完。这个看起来很简单的小习惯，坚持起来却比预想中的要困难得多，F 先生中途有好几次差点放弃。

于是他决定改变策略，不再刻意地美化自己的生活，而是将自己和家人最真实的一面都公开在博客上，结果很多读者都对他发表的内容产生了共鸣。

F 先生不但在博客上展现真实的自己，而且在日常的工作和生活中也开始展现出自己最真实的一面，结果他的人际关系变得非常和谐，工作也更加顺利。

不仅如此，由于他的博客大受欢迎，于是有出版社的人找到他，希望他能够将自己的经验和想法整理成书出版。F 先生在开始写博客的时候，根本没想到自己会成为全国知名的作者。

这一切都是从"坚持每天写博客"的小习惯开始的。

案例 3　早晨清扫厕所使整个公司发生改变

G 先生坚持"每天早晨清扫公司的厕所"这个小习惯。

其实 G 先生是这家公司的经营者，他之所以决定每天早晨清扫公司的厕所，是因为听说其他公司"通过清扫厕所使公司的业绩得到了提升"。

一开始 G 先生想让员工养成清扫的习惯，但谁也不愿意干，于是 G 先生决定"身为领导者的自己要做出表率"，每天早晨一个人清扫厕所。

他每天早晨 6 点第一个到公司，然后一手拿着清洁刷一手拿着清洗剂，笨手笨脚地清扫厕所，因为没什么清洁经验，整个清扫过程大约要花费 1 个小时。尽管最开始 G 先生也对清扫别人用过的厕所感到有些抵触，但在厕所被打扫得越来越干净之后，他也从中感觉到了乐趣。

就在他坚持了 1 年左右的时候，某一天忽然有一位员工对他说"从今天起让我来做吧",然后这位员工就每天早晨代替G先生清扫厕所。

后来,更多的员工自发地加入到办公室的清扫工作中来,现在包括G先生在内的所有人,都养成了每天早晨花10分钟打扫卫生的习惯。

G先生在自己坚持清扫厕所的1年中,从没有说过一句"你们也打扫一下卫生"之类的话。但现在看到大家自发地打扫卫生,G先生终于意识到"虽然大家都装作没看见的样子,但其实他们都在观察着我的一举一动"。

虽然大家都认为"他肯定会半途而废",结果社长却坚持了1年多的时间。G先生认真的态度感染了其他人,甚至改变了员工们的行动。

一个人坚持"小习惯",不但能够改变自己,还会给整个组织带来巨大的改变。

　　看了上述事例大家有怎样的感想呢？是否对我所说的"小习惯改变人生"有了更深刻的认识呢？

　　上述事例介绍的这些人，最初并没有期待会发生什么巨大的变化，但通过坚持"小习惯"，结果他们的人生都发生了巨大的改变。

　　哪怕只是很小的事情，只要坚持下去、积累起来，最终都能够变成巨大的力量。希望大家一定要牢记这一点。

习惯的关键

DAY
017

"坚持下来"的实绩将成为你最强大的武器。

018

不追求"坚持"，先想办法"开始"

不要给自己太多负担，总之先"行动起来"

哪怕是"小习惯"，如果一开始就给自己施加压力"一定要坚持下去"，那么反而会坚持不下来。想必拿起这本书的人，或多或少都认为自己"并不擅长坚持"吧。

这是因为你的大脑积累了太多"坚持又辛苦又乏味"的记忆。如果"杏仁核"基于过去的数据做出"不快乐"的判断，那就很难坚持下去。所以应该转变一下思维，不要想着"坚持"，而是先想办法"开始"。

这样一来，你就能以轻松的心情"行动起来"。毕竟"开始"这个词本身就会让人"跃跃欲试"。

在坚持"小习惯"之前，先"试着做一下看看"也很重要。

不管是多么小的事情，只要和自己约定好要开始做，都会使我们发现之前从未意识到的"本性"。

比如决定"将鞋子摆好"，你可能一直都能坚持下去，也可能坚持了1周后在第8天就懈怠了，还有可能从第1天开始就没坚持下来。但不管怎样，这都可以使你意识到过去的自己为人处世的态度。

绝大多数人都没有意识到自己的"本性"。所以，人们即便知道"不能再这样下去"，也不知道应该改变什么以及怎么改变，结果还是过着和原来一样的生活。

自己在无意识之中会怎样思考、怎样行动呢？只是意识到这一点就具有非常大的价值。不是"从今天开始坚持"而是"从今天开始尝试"，"试着做一下看看"是养成习惯的关键。

习惯的关键

DAY
018

试着做一下看看，能够使我们发现之前从未意识到的"本性"。

019

降低难度
仰卧起坐 1 次，日记 1 行也 OK

开始养成习惯时，有一个绝对不能碰触的禁区，那就是"追求完美"。这是导致养成习惯失败的主要原因。

比如，你决定"写日记"。你一开始劲头十足，还买了很漂亮的日记本，是那种 365 页、1 天 1 页刚好能用 1 年的类型。

可是当你将所有自己能想到的内容都写完之后，这一页还剩下一半没有写满。你绞尽脑汁地想还有什么可写的东西，却什么也想不到。这时你心想："不行，这一页我怎么也写不满。"于是你立刻对写日记这件事失去了信心。

这样一来，明天你肯定不会再写日记了。好不容易买的漂亮的日记本就这样被收到了抽屉里，再也没有被翻开过。

这就是完美主义者最常见的失败模式。

"因为是 1 天 1 页的日记本，所以每天必须写满 1 页。"完美主义者执着于这种理想中的状态，稍有偏差都会因为感觉"失败"而放弃。

但事实上根本没有任何规定要求"日记必须每天写满 1 页"。不管是写半页还是三分之一页，都没有任何人会跑出来指责你做得不对。

如果真的无论如何都写不出来，那么写 1 行也可以。"今天没什么特别需要记录的事情。"就这么一行字也算日记。因为日记就是记录当天的情况，所以如果没什么特别的事情发生，写 1 行也没问题。这样的话，就可以不断地积累"今天也做到了"的成就感。

要想养成习惯，关键在于降低难度。

比如做仰卧起坐，不要"每天 30 次"，只要"1 次就 OK"。学习的话，不要"每天做 2 页习题"，只要"做 1 道题就 OK"。跑步的话，不要"每天跑 30 分钟"，只要"穿上跑鞋走出家门就 OK"。

试着像这样将难度降到最低。

当然，如果能坚持理想的目标肯定是最好的。但我们人类基本上都是软弱的生物，所以，肯定有无论如何都打不起精神或者感觉非常疲惫的时候。在这种时候，如果"1行也OK""1次也OK"，那么就会产生"自己坚持下来了"的自我肯定感。

我再重复一次，养成习惯的关键不在于"坚持什么"，而在于取得"成功坚持"的实绩。

如果想要养成习惯，请记住"实绩比理想更重要"。

习惯的关键

DAY
019

人类是软弱的生物。尽量降低难度，取得"成功坚持"的实绩吧。

020

像玩游戏一样坚持习惯
"通关感"可以提升干劲

　　人类只能坚持快乐的、有激情的事情。所以，只要想办法让自己决定要做的事情变得快乐、有激情，那么这件事就很容易坚持下来。

　　增添快乐和激情的技巧之一就是"以玩游戏的态度去做"。不要认为自己是在做"决定要做的事"，而要认为自己在"玩一个游戏"。我在坚持"连续100天给同一个人写信"的习惯时，也是以玩游戏的态度去做的。

　　每天写1封信，写满100封信的时候就算通关。可以说，这和"每天打通1关，打通100关的时候就全部通关"的游戏完全一致。当给一个人写完100封信之后，接下来就给另一个人写100封信。这种好像连续通关的感觉让我非常轻松地将写信的习惯坚持了下来。

后来我又开始给每封信都加一个编号。看着编号的数字越来越大，那种玩游戏不断通关的感觉也越来越强。

如果只是单纯地"给帮助过我的人写信"，那么我很有可能会因为"今天太累了""明天再写也行"等原因而偷懒。只要稍微用点技巧让自己每天都能取得成就感，习惯就会更容易坚持下来。

习惯的关键

DAY 020 ◆ 通过加编号这种简单的技巧，我们就能将"作业"变成"游戏"。

021

创建"机制"

不能依赖意志和干劲，
要准备一个有助于坚持的环境

　　刚开始养成习惯的时候，任何人都会干劲十足地认为"这次一定能坚持下去"。但实际上绝大多数的人都没有长期坚持下来。如果没有"想要做"的热情，那么任何事都不可能做到。问题在于，这种热情非常难以持续。

　　所以，关键在于创建一个"机制"。

　　不要依靠意志和干劲来维持热情，而是创建一个能够自然而然地让自己行动起来的机制，这样就能很顺利地养成习惯。

　　创建机制的方法有两个。

　　第一个是"决定时间和地点"。如果只是决定"每天都做"，那么很可能会因为"今天太忙了没时间""不小心忘了"等原因而没做。

　　但如果决定"时间和地点"，那么就会将行动切实地安排进每天的生活之中。比如想要养成阅读的习惯，那么有许多个时间段和地点可供选择：

· 起床后，在自己家里的书桌前

· 在通勤的电车里

· 吃完午饭的午休时间

· 睡觉前在床上

上述的选项并不是固定的，每个人都可以根据自己的习惯来做出安排。

所以，首先可以将每个可能的时间段都尝试一下，其次选择一个自己认为最合适的时间段与地点的组合。这就是对你来说最合适的"机制"。

还有一个方法就是"将其他人拉进来"。对别人说"我要做这件事"，将习惯变为牵涉他人的行动，这样就不得不坚持下来。我之前提到的"给一个人写100封信"的习惯，就是利用了"将其他人拉进来"的机制。

首先，对我要写信的对象宣布："接下来的100天，我要每天给你写1封信，希望不会给你添麻烦。"既然话已经说出口，那我就不得不坚持下去。将其他人拉进来还有一个好处就是，对方会对你的行动做出反应。

我刚开始坚持这个习惯的时候，也有过中间坚持不下来，想要半途而废的时候。于是我给对方写了封信说"今后不写了"，结果对方回信说"没想到你竟然是这么软弱的人"。我看了这封信之后感到很不服气，结果继续给他写信，竟然将这个习惯坚持下来了。

如果感觉自己一个人默默地坚持有困难，那就将其他人也拉进来，这样可以帮助自己坚持下来。通过创建机制，任何人都可以不依赖意志和干劲，将习惯坚持下来。

习惯的关键

DAY
021

只要创建一个能够自然而然地让自己去做的机制，就能够顺利地养成习惯。

022

决定"前一个习惯"

要想养成早起的习惯，首先要决定"几点睡觉"

无法养成习惯的人都有一个共同点，那就是没有意识到"前一个习惯"的重要性。

比如，决定"每天早晨6点起床"。绝大多数人都认为只要坚持早起就行了，实际上却忘记了更重要的事情。那就是决定"几点睡觉"。如果总是熬夜到很晚，或者喝酒喝到凌晨，第二天早晨6点怎么可能起得来呢？

要想每天早晨6点起床，就必须决定前一天晚上睡觉的时间。这就是"前一个习惯"。

"要想在晚上12点之前睡觉，就要在11点之前洗完澡""要想在11点之前洗完澡，就要在10点之前吃完饭""要想在10点之前吃完饭，就要在9点之前到家"，像这样一直决定前一个习惯，就可以将每天早晨6点起床的习惯轻松地坚持下来。

也就是说，要想坚持一件事，就必须考虑好前一件事。

要想养成早晨跑步的习惯，那就睡觉前在枕头的旁边放一套运动服。要想养成在通勤的电车上学英语的习惯，那就在背包里放一本词典。要想养成回家后为资格考试学习、做准备的习惯，那就将学习材料放在一到家就能看到的地方。

像这样决定前一个习惯，就可以顺利地将习惯坚持下来。

习惯的关键

DAY
022

决定前一个习惯就可以顺利地将习惯坚持下来。

023

认真行动

不管是多么好的习惯，
如果不认真仔细地去做，也会变成坏习惯

　　我在前文中说过，要想养成习惯只要从小事做起就好。但有一点需要注意，那就是要"认真行动"。

　　如果只是决定"主动和同事打招呼"，那么真正行动的时候是没有任何基准的。所以极端点说，双手插兜，和对方擦肩而过的时候说一声"早啊"，也算是打招呼。

　　但恐怕没有人希望自己变成每次都这样打招呼的人吧。不管是多么好的习惯，如果做的时候不认真，那就说明这个人的"本性"也不认真。所以，我在给企业的新员工做培训时都会仔细地教他们打招呼的礼仪。

　　"停下脚步站在对方面前，看着对方的眼睛，大声地说'早上好'。"这才是"认真行动"。

　　像这样不断积累认真的行动，你的人格和品性也会变得认真起来。然后在做其他事情的时候，你也会无意识地认真行动起来。

成年人都知道"打招呼是理所当然的事情"。但能将这件"理所当然的事情"认真做到的人又有多少呢？

特别是随着年龄的增长和职位的提高，很多人恐怕连这件"理所当然的事情"都做不到了吧。

"我比他年纪大，他应该先对我打招呼。"

"我是上司，部下应该先对我打招呼。"

很多人都有这样的想法。但根据对方的年龄和身份来决定自己是否要先对其打招呼，是没办法真正地养成习惯的。

多么认真地去做"理所当然的事情"，取决于你的"本性"。提高"理所当然"的基准，提升"习惯"的质量，也能提高你自身的水平。

习惯的关键

DAY
023

认真地去做"理所当然"的事情，在无意识中你的言行都会变得认真起来。

024

不失败的秘诀①
明确"理想中的自己"

"理想"要尽可能远大

养成习惯时面临的最大的敌人就是"失败"。

就算人们从小习惯开始，并且坚持了一段时间，一旦开始感觉麻烦或者厌倦，就会不再愿意总是重复做同一件事，结果就是"坚持失败"。

在尝试养成习惯的过程中，任何人都会经历这样一段时期。所以，我们必须想办法避免失败。接下来，我就为大家介绍不失败的秘诀。

第一个不失败的秘诀，就是"明确理想中的自己"。

如果想养成减肥的习惯，目标不能只是"想瘦下来"，还要具体地想象出"瘦下来之后会变成什么样"。

"希望自己能够穿得上最喜欢的那件连衣裙。"

"希望去海边的时候自己能大大方方地穿起泳装。"

"希望孩子能自豪地说'我妈妈年轻又漂亮'。"

像这样，尽可能具体地想象出来。

只要对目标达成时的状态有具体的概念，就可以提升自己的干劲。这样做还有助于提升自我肯定感，让自己更不容易失败。这就是想象的力量。

了解大脑的机制可以帮助我们更好地理解想象的力量。

人类的大脑分为左脑和右脑：

左脑在负责逻辑思考和分析的同时，还拥有"思考过去"的功能；而右脑在负责感性思考和想象的同时，还拥有"思考将来"的功能。如果右脑不对将来进行想象，那么人类就会被左脑的过去的记忆支配。

人类的大脑拥有非常优秀的记忆力，尤其会清楚地记住过去的失败。所以，当我们想要养成习惯的时候，左脑的记忆总会提醒我们"以前那么努力都失败了""这次肯定也不行的"。

为了与之对抗，我们只能利用右脑具体地想象将来的情况。

通过具体地想象"将来我一定要变成这个样子"，我们就可以不被左脑过去的记忆影响，对未来的自己产生自信。

"理想中的自己"其实就是一种"理想"。理想越远大，我们的毅力也越强。

为了实现"获得甲子园冠军"这一远大理想的高中生们，不管多么严酷的训练都能坚持下来。

如果理想只是"在地区预选赛中赢一场"，那么他们就会心想"反正只要赢一次就行了，没必要那么艰苦地训练"。

也就是说，"理想的远大程度＝毅力的强度"。所以，在想象"理想中的自己"时，要尽可能大胆地描绘出一个远大的理想。

请不要给理想设置障碍，比如认为"我现在是这个样子，就算改变也只能变成那样吧"。如果这样想，理想就会越变越小，结果毅力也会越来越弱。

明确理想中的自己，然后尽可能地描绘出远大的理想。为了避免失败，请首先试一试这个方法吧。

习惯的关键

DAY 024

尽可能具体地想象出理想中的自己的模样。

025

不失败的秘诀②
明确"现在的位置"

不知道"现在的位置"就不可能抵达"目的地"

明确"理想中的自己＝目标达成时的状态"，是避免失败的秘诀之一。但同时，我们还需要另一个秘诀与之配合。那就是明确"现在的自己＝现在的位置"。

就像在使用导航仪的时候，只输入目的地是不够的，还需要输入自己现在所处的位置。只有知道自己现在所处的位置，才能知道接下来应该怎么走。

习惯也是一样。只有知道自己现在处于怎样的状态，存在怎样的弱点和不足，才能知道要想达成目标需要做出怎样的努力。也就是说，只有知道现在的位置，才能知道"什么是正确的方向"。

此外，明确自己现在的位置，还能够帮助我们正确地认识自己的"本性"。正如我在第 2 章中说过的那样，"习惯就是本性"。你在不经意间流露出的本性，其实都被周围的人看得一清二楚。

知道周围的人如何看待自己，一定能够更加坚定"这样下去不行""我要改变自己"的想法。

明确自己现在所处的位置的方法有许多，其中之一是"自我盘点"。先将你喜欢的一面写出来，具体来说包括以下的内容：

· 自己的优点

· 他人对自己的好评

· 特长

· 重视的事情

然后再将你不喜欢的一面写出来：

· 自己的缺点

· 想要改正的地方

· 坏毛病

· 他人经常批评自己的地方

尽可能将上述内容全面、详细地写出来。因为这些内容是写给自己看的，所以没必要掩饰什么。不管是优点还是缺点，都要实事求是地写出来。

将上述内容都写出来之后，就可以帮助我们发现"现在的自己 = 现在的位置"。可能其中有很多事情我们自己也隐约能感觉得到，但只有像这样清楚地写出来，才能冷静地对自己的"本性"进行分析。

明确自己现在所处的位置还有一个方法，那就是"询问他人"。试着向上司、同事、家人、朋友询问："你觉得我是个怎样的人？"询问 10 个人左右，就可以发现自己在他人眼中的"本性"。虽然向他人询问需要一定的勇气，但这绝对是客观认识自己的好方法。

有时候对方做出的回答可能会让你有这样的感觉："我明明不是那样的人，为什么他会这样看我？"

但这正是让你认清自己的"本性"的重要线索。

就算你觉得自己并不是那样的人，但对方有这样的感觉，这说明你的身上有这种习惯。知道了这一点，你才能知道应该怎样改变这些习惯。

或许有些人在认清"现在的自己"之后会感到有些失落，觉得"我竟然是这样的人"。其实完全不用沮丧。因为在你认清自己的时候，养成习惯就已经成功了一半。

不知道自己现在所处的位置，仅凭毅力和热情一股脑地往前冲，是不可能抵达目的地的。这种漫无目的的努力不管付出多少都没有用。

只有明确"理想中的自己"，知道"现在的自己 = 现在的位置"的人，才能通过正确的努力抵达目的地。

如果你相信"努力一定能够取得回报"，那么就算在途中遭遇了挫折也不会气馁，最终一定能够成功。请记住，要想养成习惯，"目的地"和"现在的位置"两者缺一不可。

习惯的关键

DAY
025

明确"现在的自己"，把握其与"理想中的自己"之间的偏差。

026

不失败的秘诀③
明确"为了什么"

行动必须有目的才能坚持下来

如果想养成某种习惯，首先必须要明确"为什么要这样做"。这也是把习惯坚持下来的原动力。

在第1章中我提到了某位男性通过坚持"每天给10个客户打电话"的习惯，最终成为销售冠军的事例。对他来说，"为了家人"就是养成习惯的原动力。

销售业绩差，收入几乎为零，"再这样下去没办法养家糊口"，这位男性只能行动起来。因为有"为了家人"这个动力，所以不管被拒绝多少次他都不会退缩，而是继续坚持不懈地打电话。

同样在第1章中介绍过的那位40岁重返拳坛的男性是"为了遵守与父亲之间的约定"，坚持对妻子说谢谢的那位男性是"为了改善与家人之间的关系"。他们的目的都非常明确。

也就是说，只要明确"为了什么"这个目的，自己就会自然而然地行动起来。所以，认为自己"不能坚持减肥"的人，可能根本就不是真的想要减肥。

"周围的朋友都在减肥，现在大家也普遍认为女人苗条才漂亮，我是不是也应该减肥呢？"对以这种动机开始减肥的人来说，其本身就缺乏"为了什么减肥"的目的性。

换个角度来说，这样的人"现在的体形没有什么特别的问题，可能并没有减肥的必要"。这样的人就不必勉强自己减肥，可以选择养成其他的习惯。

行动必须有目的才能坚持下来。如果想要把习惯坚持下来，请首先思考"这样做是为了什么"吧。

习惯的关键

DAY
026

"为了××"是把习惯坚持下来的原动力。

027

不失败的秘诀④
明确"想让谁高兴"

如果是"为了某个人",就能战胜困难

在"秘诀③"中,我为大家介绍了明确"为了什么"的重要性。

当然,"为了自己"也是个不错的选择。

"养成学习的习惯,希望自己能早日出人头地。""养成健身的习惯,希望别人都能夸我帅气。"像这样以"为了自己"为目的当然无可非议。与没有目的相比,为了自己也是很强的原动力。

不过,我要告诉大家另外一个秘诀。那就是,"如果是为了他人,我们就能够发挥出更强的力量"。

如果我们达成目标的时候,能够使他人感到快乐,那么我们会变得更有干劲。他人的一句"谢谢",是让我们坚持不懈的强大动力。

如果是简单的事情,以"为了自己"为目的也能坚持下去。

但如果追求的是远大的目标或者想要实现比较困难的事情，那么仅仅"为了自己"是不够的。

自己达成了目标，他人会因此而感到喜悦。而自己看到他人的笑容，也会感到开心。这才是最能够激发出人类干劲的原动力。

"养成学习的习惯，希望自己能够为有困难的人提供帮助。""养成健身的习惯，希望自己能保持健康为家人努力工作。"如果能像这样找到一个"为了他人"的目的，那么在养成习惯的时候更不容易失败。

因此，当我们打算坚持做某件事的时候，首先应该思考"想让谁高兴"。

2004 年，驹大苫小牧高中夺得了北海道第一个夏季甲子园的冠军，新闻媒体对此进行了铺天盖地的报道，想必很多人都还记得吧。

当时驹大苫小牧的棒球队就采用了基于脑科学的精神训练法。精神训练师首先让选手们思考"你们为什么打棒球"。选手们的回答大多是"为了赢得比赛""为了提高打棒球的水平"。但这些都是"为了自己"。

于是精神训练师向选手们提出了这样一个建议："如果你们能进军全国大赛，那么我们苫小牧的知名度也会随之提高。要是你们能夺得冠军，让冠军的旗帜第一次渡过津轻海峡，那么整个北海道都会因此而受益。要不要以此为目的努力呢？"

于是"为了苫小牧""为了北海道"就成为选手们的目的。结果，驹大苫小牧高中真的将冠军的旗帜带回了北海道。

事实上，最初不管是学生选手、学生家长还是学校的老师，都觉得"夺得甲子园冠军简直是做梦，能在地区预选赛里获胜就不错了"。

但当明确了"为了给当地增光添彩"这一目的之后，所有的选手全都喊出了"夺得冠军"的口号，周围的人也都对他们给予了极大的支持。

选手们为了成为日本第一，不管是多么艰苦的训练都坚持了下来。如果只是"为了自己"，恐怕他们很难坚持下来吧。事实上也确实经常有选手因为忍受不了艰苦的训练而退出。但驹大苫小牧高中的选手们没有一个人退出。

抱着"为了自己"的目的很容易就会遇到瓶颈，但抱着"为了他人"的目的能够给我们提供超越极限的力量。驹大苫小牧的事例就证明了这一点。

如果你只能想到"为了自己"的目的，那么不妨试着将视角再提高一点。所谓视角，就是在观察事物时所处的位置。视角越高，能看到的事物就越多。

站在1层向窗外看和站在10层向窗外看，风景是截然不同的。站在1层向窗外看，最多也就能看到前面路上的行人；但站在10层向窗外看，就能看到好几个街区的景色。

如果站在东京晴空塔的展望台上，就能将整个东京尽收眼底。搭乘飞机的时候可以将关东地区一览无余，在宇宙空间站的话甚至可以看到整个地球。

视角越高，越能够理解我们身处的世界有多辽阔。

只能想到"为了自己"的人，处于视角很低的状态，所以只能看到自己。但只要稍微提高视角，就会意识到自己身处"家庭"之中。如果再提高视角，就会发现自己身处"社会""学校""团队"之中。

继续提高视角，还会发现自己身处"城市""地区""行业"等更加广阔的世界之中。如果能够准确地认识到自己属于哪个特定的集体，我们自然而然地就会产生为自己现在所处的集体做些什么的想法。

前文中介绍的棒球选手们，最初也是只能看到自己。但当他们通过提高视角，认识到自己属于某个地区的一员时，就产生了"要为当地人做些什么"的想法。

要想提高视角，将"我是××"写出来是个比较有效的方法。比如"我是男人""我是父亲""我是××企业的员工""我是东京人"……尽量写出 20 个以上。

只要搞清楚自己是什么人，就可以明确自己属于哪里以及自己有哪些责任。然后我们自然而然地就会开始思考"我能够给自己所属的集体和周围的人做些什么"。

028

不失败的秘诀⑤
不要强迫自己
重视"想做"和"不想做"的感情

习惯是否能坚持下来，是由"喜欢"和"不喜欢"决定的。我在第 2 章中已经说明了这一点。喜欢就能坚持下来，不喜欢则坚持不下来。大脑的机制就是这么简单。

所以，养成习惯时要想避免失败，一定要重视"想做"和"不想做"的感情。如果感觉"想做"，大脑就会很兴奋，并且会使我们快乐地坚持下去。如果感觉"不想做"，大脑则会因为讨厌而回避。

我们只要坦诚地接受自己的"喜欢"和"不喜欢"，将自己认为"想做"的事情坚持下去就好。

但人类总是会在无意识中被"绝对……""必须……"之类的想法束缚。

比如减肥的时候绝对不能吃甜食。

决定写日记的话必须每天写满 1 页。

跑步必须每天坚持 30 分钟。

像这样用"绝对""必须"的规则来强迫自己。这正是导致失败的原因。

如果总是用"绝对""必须"的规则来强迫自己，就会使自己倍感压力，在无意识中产生逃避的念头。大脑则会为了回避压力而发出"满足欲望"的信号。

结果会发生什么呢？

"减肥让人倍感压力，今天干脆随心所欲地吃甜食吧。"本来自己并不想做这样的事情，如果强行加上"绝对……""必须……"之类的束缚，反而会产生相反的效果。

要想将习惯坚持下去，"想做"的感情十分重要。这与"秘

诀①"中介绍的"明确理想中的自己"存在重合的部分。

"减肥之后就能穿上梦寐以求的那件连衣裙。""减肥之后就能去海边大胆地穿上漂亮的泳装了。"像这样将焦点放在"想做"的事情上，大脑自然会采取接近目标的行动。就算不特意提醒自己"绝对不能吃甜食"，大脑也会自然而然地回避那些影响减肥的事情。

要想不失败，请不要忘了找出自己心中"想做"的感情。

习惯的关键

DAY 027 ✧ 如果目的是"为了他人"，则可以使我们更容易坚持下去。

习惯的关键

DAY 028 ✧ 与其强迫自己，不如遵从心中"想做"的感情。

029

"小恶魔的低语"
了解自己的"本性"的绝佳机会

当坚持习惯一两周，感觉自己"差不多养成习惯了"的时候，在我们的耳边总会传来这样的低语：

"坚持这种事情又会怎样呢？"

"不再继续坚持下去也没事吧？"

"工作也忙起来了，要不要休息一下？"

我将这称为"小恶魔的低语"。

而小恶魔的真实身份其实就是我们的"本性"。由过去的习惯不断积累形成的"本性"，会化身成小恶魔阻挠我们成为"理想中的自己"。

但小恶魔的出现并不全是坏事。因为小恶魔的低语，正戳中了我们的软肋，而我们可以借此机会认清自己的弱点。

比如小恶魔说"不再继续坚持下去也没事吧？"，这说明我们之前有半途而废的坏毛病。如果小恶魔说"工作也忙起来了"，这说明我们习惯用工作繁忙当借口。

小恶魔的出现是帮助我们了解自己的"本性"的绝佳机会。当小恶魔出现时，请一定要回顾一下开始坚持习惯后的自己。

如果习惯坚持了两周，那么通过对这两周来自己的行动和思考进行回顾，你一定能得到巨大的收获。

有的人一旦决定做某件事，就会默默地坚持。

有的人虽然坚持了习惯，但在做的时候杂乱无章。

有的人刚刚坚持了三天就已经开始认为"这样做是在浪费时间"。

即便同样坚持了两周，不同的人也有不同的行为模式。这两周以来的行动和思考，可以说是你到目前为止的人生的缩影。

对待小恶魔不可掉以轻心，有时候我们很容易被它的低语迷惑，结果真的失败了。但在遇到小恶魔的时候，请记住这也是认清自己的"本性"的良机。

从这个角度来看的话，小恶魔也不那么令人厌恶了。

030

制作一份"借口列表"

将借口都写在纸上，然后逐一画掉

和"小恶魔"一样，还有一个容易导致养成习惯失败的原因，那就是"借口"。

"今天太冷所以不出去跑步了。"

"昨天和朋友喝酒喝到太晚，今天不早起也没关系。"

"被上司训斥了一顿，以后再也不跟他打招呼了。"

很多人都因为类似的借口而不再坚持习惯。

不过，人类就是愿意找借口。"一生中从没说过任何借口的人"应该是不存在的吧。所以，我不会要求大家"不要找借口"。如果认为"绝对不能找借口"，那就落入了"绝对……""必须……"的思考陷阱，只会给自己徒增压力而已。那我们应该怎么办呢?

我推荐的办法是制作一份"借口列表"。

　　将自己曾经说过的借口和有可能说出的借口都写在纸上。然后将这个列表贴在显眼的位置，比如自己房间的墙上、办公室的桌子上，或者最常用的笔记本上。

　　这样一来，就可以随时通过这份列表来确认自己今天是否说了上面的借口，并且提醒自己"明天不要再说这个借口"。

　　如果不小心说了借口，这份列表可以使自己立刻意识到这一点，即便是对他人说的，也可以当场更正它。比如告诉对方："十分抱歉，刚才我说的是借口，下次我一定好好准备，不再找借口。"

　　在重复上述步骤的过程中，你会发现自己说借口的次数越来越少。

　　当你认为自己"不会再说这个借口"的时候，就可以将这个借口从列表上画掉。眼看着借口越来越少也是一件很开心的事情。

我大约在 30 年前做了一份借口列表。最开始写出来的借口竟然有 400 个，这也让我认识到自己是一个非常喜欢找借口的人。

当时我在公司里担任管理者，我将这份列表贴在办公室的墙上，并且拜托部下们："如果我说了这上面的借口，请你们立刻提醒我。"就这样，我说借口的次数越来越少。

当然，直到今天我也没有将说借口的次数减少到 0。不过，通过这份借口列表，我还是成功地摆脱了喜欢找借口的坏毛病。

习惯的关键

DAY 029 ◇ 小恶魔的出现也是了解自己的"本性"的良机。趁此机会回顾一下自己的思考和行动吧。

习惯的关键

DAY 030 ◇ 将借口全都写在纸上，有意识地减少说借口的次数。

031

三天打鱼两天晒网也没什么不好

不是"连 3 天都没坚持住"，
而是"成功坚持了 3 天"

在本章中，我为大家介绍了养成习惯的具体方法。但就算掌握了养成习惯的秘诀和关键，有时候也可能坚持不下来。如果真的是三天打鱼两天晒网，也不必责备自己。如果一个习惯养成失败了，只要再找一个新习惯继续养成就好。没能成功养成习惯，可能是因为这个习惯真的不适合自己。换一个习惯的话，可能就会坚持下来。

而且"坚持 3 天失败了"的经验本身也是宝贵的财富。对"为什么没有坚持下来""下次应该怎样做才能坚持下来"进行分析，可以为今后的习惯养成提供有益的帮助。

如果吸取之前失败的教训让下一个习惯能成功地坚持下来，那么之前的失败就不是失败，而是成功之母。

只要坚持不懈地尝试，人生就没有"失败"二字。只有不再继续尝试，才是真正的失败。

"就算三天打鱼两天晒网，也要继续尝试。"坚持这种态度，总有一天你会成功地养成习惯。三天打鱼两天晒网，并不是"连3天都没坚持住"，而是"成功坚持了3天"。你应该对自己提出表扬。

就算半途而废，下次还可以继续尝试养成同样的习惯。坚持3天之后休息2天，然后从第6天开始再继续坚持，这也是值得肯定的成绩。

当然，能够不休息一直坚持下去肯定是最好的，但就算三天打鱼两天晒网，也比从不打鱼要强得多。甚至可以说，在坚持的过程中停下来休息，然后还能继续坚持下去，这样做的难度更高。

就像打响板的时候，"打打停、打打停"的节奏比一直打下去的节奏更难掌握一样。如果你在休息之后还能继续坚持下去，请毫不犹豫地表扬自己吧。而且如果有连续坚持3天的实绩，那么你也会产生"我也能够做到"的自信。

"上次减肥坚持3天减掉了1千克，这次如果坚持1个月的话减掉3千克应该绰绰有余。"只要有这种自信，当你认为"这次真的想要减肥"的时候，就一定会相信自己"能够做到"。

三天打鱼两天晒网的经验，能够给我们的大脑安装一个养成习惯的开关。所以，不必害怕三天打鱼两天晒网，大胆地去不断尝试养成新习惯吧。

032

只要跨越"成功的分水岭"，
就能接近理想中的自己
量变引发质变

　　在我举办关于习惯的讲座时，经常有学员提出这样的问题，那就是："我要坚持多久，才能成为理想中的自己？"

　　我总是会这样回答："每个人都不一样。"

　　这个回答看似有点不负责任，却是事实。坚持习惯的时间和自己的成长并不是成比例的。

　　在刚开始坚持习惯的时候，可能有很长一段时间你都感觉不到自己取得了成长。或者在刚开始坚持习惯的时候有成长的感觉，但坚持一段时间之后，成长的速度会越来越慢甚至停滞不前。

　　在这种时候，"小恶魔"就会出现。

　　"这种事情坚持下去也毫无意义。""你不会成为理想中的自己。"如果你在这个时候放弃，那么成长也会彻底停止。结果就是你永远也无法成为理想中的自己。

但如果你拥有"为了什么"的明确目标，知道"如果自己成功，会有人感到高兴"，那么你就能相信自己会成长并坚持下去。然后在坚持了一段时间之后，你会突然发现"自己真的成长了"。这说明你跨越了"成功的分水岭"。

比如学英语的时候，一开始根本听不懂英语新闻说的是什么，但在坚持学习英语几个月之后，你会突然发现自己能听懂英语新闻了。

类似这种量变引发质变的现象在养成习惯时也会出现。

如果将成长的过程做成一张图表，那么当越过成功的分水岭那个点之后，成长曲线就会急速上升。也就是说，只要跨越了成功的分水岭，那么距离成为理想中的自己也就不远了。

但同时也不要忘记，在跨越成功的分水岭之前，可能有很长一段时间你都很难感觉到自己的成长。只有在这种情况下仍然能够坚持下来的人，才能成为理想中的自己。

习惯并不是立竿见影的东西。但是只要坚持，你就能切实地接近理想中的自己。

接下来，就是相信习惯的力量。只要相信习惯的力量并坚持不懈地努力，你就一定能够成为理想中的自己，过上理想中的人生，我向你保证。

习惯的关键

DAY
031

不要害怕三天打鱼两天晒网，大胆地去尝试吧。

习惯的关键

DAY
032

在跨越"成功的分水岭"之前，要相信习惯的力量，坚持不懈地努力。

利用"大脑的力量"让习惯变得更加强大

033

养成"长期习惯"的方法

了解"接收习惯""语言习惯""思考习惯"
"行动习惯"的作用

正如我在前文中多次提到的那样，大脑与习惯之间有着很深
的联系。

大脑感觉快乐的事情就能坚持下去，感觉不快乐的事情则坚
持不下去；大脑根据过去的记忆做出判断，如果认为"快乐"则
产生接近反应，认为"不快乐"则产生回避反应；用右脑想象将
来的情景，可以避免被左脑过去的记忆束缚，使我们即便感觉辛
苦也能坚持更长的时间。

只要了解了大脑的机制，就可以帮助我们更好地养成习惯。
在本章中，我将为大家详细分析大脑与习惯之间的关系，介绍利
用大脑的力量养成习惯的方法。

首先，我们需要了解"习惯"包括哪些种类。

一般情况下，我们所说的"习惯"准确来说分为以下 4 种：

·接收习惯：通过五感接收信息

·语言习惯：将接收到的信息转换为语言

·思考习惯：基于语言进行思考

·行动习惯：将思考转变为行动

在"思考习惯"之中，还包括"确信习惯"（是否能够相信）和"错觉习惯"（认为好还是认为坏）。

绝大多数人所说的"习惯"，其实是"行动习惯"。比如早起、将鞋子摆好、写日记等习惯，都属于"如何行动"。但实际上，在行动之前，还需要经过"如何接收信息""如何转变为语言""如何思考"等过程。

因此，要想改变"行动习惯"，首先需要改变"接收习惯""语言习惯""思考习惯"。

我们还可以利用"错觉习惯"，让自己产生"能做到"的"确信习惯"，从而养成强大的"行动习惯"。如果不了解习惯的机制，就很难将"行动习惯"坚持下去，结果导致失败。

当然，也有从"行动习惯"开始改变的方法。我在第3章中介绍过的"先从小习惯开始"就是其中之一。不过即便采用这种方法，也必须经过以下的流程。

"通过行动，接收到了什么新的信息？"（接收习惯）

"大脑将通过行动接收到的信息转换成了什么语言？"（语言习惯）

"行动的结果给思考带来了哪些改变？"（思考习惯）

如果只有行动而没有上述流程，那么行动就很难长期坚持下去。而我们会养成怎样的"接收习惯""语言习惯""思考习惯"，和我们大脑的机制有很大的关系。接下来，就让我们一起来详细地看一看。

习惯的关键

DAY
033

在改变"行动习惯"之前，首先要改变"接收习惯""语言习惯""思考习惯"。

034

养成习惯的关键在于"大脑的速度"

从"接收"到"思考"只有 0.5 秒

在上一节中我已经为大家介绍了习惯的流程，就是"接收习惯"→"语言习惯"→"思考习惯"。

那么，大家觉得从接收信息到完成思考，大约需要花费多少时间呢？答案是 0.5 秒。

我们通过五感接收到的信息，只需要 0.1 秒就可以抵达大脑的新皮质。这部分也被称为"智慧脑"，负责认知事物。第 3 章中提到的"左脑"和"右脑"都存在于这部分。

比如屋子外面下雨了，耳朵听到雨滴啪嗒啪嗒地打在窗户上的声音，那么我们的大脑瞬间就会认知到"下雨了"。

紧接着，认知的结果会传到大脑的边缘系统。这部分被称为"感情脑"，负责做出喜怒哀乐的判断。第 2 章中提到的"杏仁核"存在于这部分。

感情脑用 0.4 秒对过去的记忆进行检索，判断接收到的信息具有什么意义。于是在我们接收到信息的 0.5 秒之后，"杏仁核"就会做出"快乐"或者"不快乐"的判断。

比如接收到下雨的信息时，如果我们有过被雨淋湿的记忆，那么大脑就会做出"下雨天又冷又潮，让人心情抑郁"的判断。

也就是说，我们的大脑"用 0.1 秒进行认知，用 0.4 秒对数据进行检索和比对，只需要 0.5 秒就能做出判断"。这个速度实在是非常惊人。

习惯的关键

DAY
034

✦ 大脑只需要 0.5 秒，就能做出喜欢还是讨厌的判断。

035

人类的大脑能够在瞬间完成"负面思考"
被负面思考束缚的人更容易失败

这里存在一个很大的问题。那就是，在大脑储存的过去的记忆之中，消极的记忆比积极的记忆要多得多。

正如我在第 2 章中说过的那样，人类的大脑对负面情绪记忆得更深。因此，"杏仁核"在进行"快乐"和"不快乐"的判断时，检索到的也大多是消极的负面记忆。

举例来说，我们的大脑就好像一个巨大的文件柜，从上到下都是抽屉，上面的抽屉里装的都是消极的记忆，而下面的抽屉里才有积极的记忆。

由于消极的记忆比积极的记忆多得多，所以大脑从上往下依次打开抽屉的时候看到的都是消极的记忆，很难打开下面的抽屉看到积极的记忆。结果"杏仁核"在绝大多数情况下都会做出"不快乐"的判断，导致我们产生"做不到""不可能"的负面思考。

而负面思考只需要 0.5 秒就可以完成。也就是说，我们在无意识的状态下，完全无法阻止负面思考的产生。如果以负面思考为基础采取行动，肯定无法取得成功。认为"自己做不到"的人，自然会采取做不到的行动。

养成习惯时之所以经常失败，就是因为我们人类的大脑总是产生负面思考。

习惯的关键

DAY

035

如果无意识地采取行动，很容易陷入负面思考。

036

增加"积极动力"，强化大脑的正面思考

与"输入"相比，大脑更相信"输出"

那么，我们难道没办法将思考和行动从负面变成正面吗？

答案当然是否定的。只要利用大脑的另一个特性，就可以使其变为可能。这个特性就是，与"输入"相比，大脑更相信"输出"。

大脑被输入思想和印象之后，会输出语言、行动以及表情。如果输入"做不到""不想做"等负面思想，那么大脑就会输出"做不到""完蛋了"等负面的语言、消极的行动以及阴暗的表情等。

由于无法阻止负面思考，所以我们对负面的输入也毫无办法。不过我们虽然无法改变输入，却可以改变输出。

就算改变不了思考，至少可以改变语言、行动和表情。

假设你的上司给你安排了一项非常困难的工作。当时你的第

一反应肯定是"我做不到"。但你不能直接把这个想法说出来，而要回答说"好的，我试试"。

正如我在前面提到的那样，与输入相比，大脑更相信输出。

虽然你认为"自己做不到"，但因为你说了"我试试"，所以大脑会更加相信这句话，然后从过去的数据中寻找与"我试试"相关的记忆。

如果大脑发现"曾经成功完成过类似的工作""曾经用这样的方法实现了目标"之类的数据，那么不管多么困难的工作你都可以"试一试"。

另外，大脑的思考还会通过输入与输出的循环得到强化。

比如当输入的是负面信息时，如果在输出阶段将其替换为正面信息的话，那么在重复"输出→输入→输出"的过程中，大脑的正面思考就会得到强化。

所以，只要我们坚持输出正面的语言、行动和表情，那么今后不管遇到什么样的情况，我们的大脑都会输入"自己能行""坚持到底"的正面思想。

接收习惯不仅仅包括"输入了什么"。"输入后，进行怎样的输出"也属于接收习惯的范畴。如果想要养成良好的习惯，首先应该利用大脑的输入和输出之间的关系，从改变接收习惯开始。

037

决定一个"关键词"，实现瞬间输出

0.2 秒做出反应，不给大脑检索负面记忆的机会

要想改变输出，必须牢记一点，那就是"瞬间输出"。

如果上司给我们安排工作任务，那就立刻回答"好的，我试试"，绝对不能思考"应该怎么回答"。因为 0.5 秒之后，负面思考就已经完成了。

正如前文所说，大脑用 0.1 秒对信息进行认知，用 0.4 秒判断快乐还是不快乐。也就是说，只要超过 0.1 秒，大脑就会开始对过去的负面记忆进行检索。

所以，我们必须在大脑开始检索之前，立刻回答"好的，我试试"。只要能够在输入之后的 0.2 秒内完成输出，那么大脑就没时间检索过去的记忆。

也就是说，我们通过改变语言习惯，可以改变接收习惯。

不过，如果不有意识地控制自己，想在 0.2 秒内完成输出相

当困难。

　　我推荐给大家一个方法，那就是决定"关键词"。只要事先想好自己应该说什么，就能实现瞬间输出。前面提到的"好的，我试试"就是比较合适的关键词。

　　上司安排工作，回答"好的，我试试"。

　　被委任为团队负责人，回答"好的，我试试"。

　　上课时老师提问"谁来做一下这道题"，回答"好的，我试试"。

　　不管面对什么情况，这个关键词都能应对。

　　需要注意的是，我们说的并非"我能做到"，而是"我试试"。"我试试"意味着"接受挑战"，就算在尝试的过程中遇到问题，或者自己无法完成也没关系，可以找上司询问解决问题的方法或者请求团队的成员提供帮助。

　　假设你给别人安排工作，一个人回答"好的，我试试"，而另一个人回答"我做不到"，那么你对谁更有好感呢？

　　毫无疑问是前者吧。"好的，我试试"这个关键词可以让你更受周围的人的欢迎。

　　当然，除此之外还有很多合适的关键词。"没问题""好机会""该我出场了"等，只要是能让自己打起精神的内容都可以。将这些内容作为关键词，大脑会真的认为"没问题""机会来了""该我出场了"。

　　如果不小心说出了负面的内容，应该马上用"但是"进行转折。"这么困难的工作，我做不到吧……但是，我会试试。"这样就可以将负面信息瞬间转变为正面信息。

在决定关键词的时候，最好先做一个"关键词列表"。比如"早晨起床时说这句话""开始工作之前说这句话""到家之后说这句话""睡觉之前说这句话"，先想象出一天中可能遇到的各种情况，然后将到时候应该说什么写在纸上。

像这样决定了关键词之后，通过每天坚持说这些关键词，我们可以让大脑逐渐转变为正面思考。

事先决定关键词，然后立刻说出来。这就是改变接收习惯的秘诀。

习惯的关键

DAY 036 ◇ 不管遇到什么事情，都请先回答"好的，我试试"。

习惯的关键

DAY 037 ◇ 每天坚持说关键词，可以让大脑转变为正面思考。

038

通过改变语言来替换"快乐"与"不快乐"

"学习" → "提高","蛋糕" → "脂肪"

还有一个利用语言习惯改变接收习惯的方法，那就是改变语言的含义。

我们已经知道，如果"杏仁核"认为"快乐"就会引发接近反应，如果认为"不快乐"则会引发回避反应。

也就是说，很多我们想要坚持的习惯却坚持不下来，是因为大脑产生了回避反应，而不想做的事情总是去做是因为大脑产生了接近反应。既然如此，只要将回避反应和接近反应替换一下，我们就能将想要坚持的习惯坚持下来，同时不再去做那些不想做的事情。

要想达到这个目标，我们就需要改变语言的含义。

当我们将"学习"这个词输入大脑之后，大脑会根据过去的记忆发现"学习很枯燥"，于是做出"学习不快乐"的判断。如果将输入的信息从"学习"换为"提高"又如何呢？

即便不喜欢学习，但应该没有人不喜欢提高吧？因此，我们以后不说"现在开始学习"，而说"现在开始提高"，那么大脑就会产生接近反应，使我们愿意学习。

反之，当我们将"蛋糕"这个词输入大脑之后，大脑会根据过去的记忆发现"蛋糕好吃"，于是做出"吃蛋糕快乐"的判断。

如果我们打算减肥的话，就不应该吃蛋糕。在这种情况下，我们可以将"蛋糕"这个词换成"脂肪"。就算再喜欢吃蛋糕，也应该没有人喜欢脂肪吧。

因此，我们以后不说"现在开始吃蛋糕"，而是说"现在开始增加脂肪"，那么大脑就会产生回避反应，使我们能够控制住自己不吃甜食。

像这样改变语言的含义，就可以轻而易举地骗过大脑。如果你也有想要替换回避反应和接近反应的事情，那就试着替换一下语言的含义吧。

039

用"动作"和"表情"来强化正面思考
通过"用力挥拳"和"上扬嘴角"来欺骗大脑

除了语言之外，动作和表情也属于输出。我们通过输出正面的动作和表情，也可以养成良好的接收习惯。

和决定"关键词"一样，决定"动作"和"表情"也非常有效。比如"用力挥拳"就是一个很好的决定动作。你可以试着做一下这个动作。

当你握紧拳头挥舞的时候，应该不会产生"我做不到""我不行"的负面想法。用力挥拳可以使我们自然而然地说出"很好""试试看"之类的正面语言。

所以，不管遇到什么问题，都先做出用力挥拳的动作，大脑也会相信这个输出信号而完成正面思考。

运动员在比赛的时候经常会做出用力挥拳的动作，可以说这也是符合脑科学原理的。反之，如果我们低下脑袋、双手抱头，就会形成负面的输出。在我们做出这些动作时，人脑就会对"我不行""我做不到"深信不疑。

在 2018 年足球世界杯日本队对阵比利时队的比赛中，日本队在领先 2 球的情况下，被比利时队连扳 3 球，结果比利时队逆转取胜。当比利时队追成 1 : 2 的时候，日本队的选手还在互相鼓励，认为"没问题"。但当比利时队追成 2 : 2 平的时候，日本队的选手大多垂头丧气，双手抱头蹲在地上，输出的完全是负面信息。

结果，日本队的选手们的动作明显变得迟钝，对待比赛的态度也消极起来。最后比利时队终于以 3 : 2 的比分逆转取胜。

如果日本队在被攻入第 2 球的时候也能够互相鼓励，用力挥拳，做出积极的动作，那么选手们的大脑应该还会相信"没问题"。

重要的是，不管事情进展得是否顺利，都要做出能够让大脑正面思考的动作。这样我们才能时刻保持正面思考。

美国职业棒球大联盟的选手铃木一郎，每次站在击球区的时候都会做同一个动作，这是他的关键动作。

棒球是那种不管选手多么优秀，打击率都不会超过 30% 的运动。而就算达到了 30% 的打击率，与成功的打击相比，被三振和打出滚地球的情况要多得多。

但选手一郎不管上一次是成功的打击还是被三振，在下一次轮到他打击的时候都会做相同的动作。就算在上一轮被三振出局，但只要轮到他上场的时候，他肯定会做相同的动作，于是大脑就会相信"上次肯定是打中了"，继而产生"这次也能打中"的正面思考。

如果是在公司里工作的人，可以趁上卫生间的时候小幅度地挥一下拳头。这样在返回办公桌的时候就会更有干劲。

表情也可以帮助我们保持正面思考。我们需要做的非常简单，只要保持嘴角上扬即可。

一般情况下，我们在遇到好事的时候才会上扬嘴角。比如，在感觉到"开心""高兴""好吃"的时候，我们会自然而然地上扬嘴角，露出笑容。所以，只要有意识地做出嘴角上扬的表情，大脑就会认为"发生了好事"。

表情与大脑是直接联系在一起的，即便是故意露出来的笑容也能够骗过大脑。越是在感觉到难过和痛苦的时候越要保持微笑，这样可以让我们的大脑进行正面思考。

习惯的关键

DAY
038 ◇ 不要说"现在开始学习"，而要说"现在开始提高"。

习惯的关键

DAY
039 ◇ 不管遇到什么情况，都要"用力挥拳"和"保持微笑"。

040

将负面输出变为正面输出的秘诀

通过"喜、乐、幸"训练，
将"理所当然"变为"三生有幸"

就算知道应该改变接收习惯，一开始我们也会很容易被过去的负面记忆束缚，而难以改变语言和行动。

关于将负面输出变为正面输出，我有一个秘诀。那就是将每天感觉到的喜悦、快乐和幸福感都写出来。

书写这个动作本身就属于一种输出，所以只要每天坚持，就相当于在做加强正面输出的训练。具体来说，就是回顾一天的经历，将"通勤路上的喜悦""职场的快乐""家庭的幸福"都写在笔记本上。

不管是多么小的事情都可以写。要将目光聚焦在日常中的"小确幸"上，比如下面这些内容就可以。

通勤路上的喜悦：

· 电车准时抵达

· 车站的月台被清扫得很干净，让人心情舒畅

· 在步行去公司的路上看到了很漂亮的野花

职场的快乐:

· 今天团队全员都精神百倍地来上班了

· 将出差时买的当地特产分发给了大家,大家都很高兴

· 不知道是谁帮我把桌子擦干净了

家庭的幸福:

· 刚到家洗澡水就烧好了

· 晚饭都是我爱吃的

· 孩子睡觉时的样子很可爱

即便认为"今天没发生什么好事",回过头来仔细看,也会发现很多喜悦和幸福。只要坚持每天将这些内容写下来,你就能练就一身不管面对什么情况都能看到积极一面的本领。

坚持这个训练还有一个好处,那就是能够让我们理解"在这个世界上从来没有什么理所当然"。

曾经认为"电车准时抵达是理所当然""车站干净整洁是理所当然"的人，会发现"电车准时抵达是因为没有出现故障和事故""车站干净整洁是因为有人每天都认真打扫"。

曾经认为"部下来公司上班是理所当然""到家时饭就做好了是理所当然"的人，会发现"部下都没有因为生病和事故休假，真是太好了""下班到家就能吃到热气腾腾的晚饭，真是太幸运了"。

也就是说，我们能够切实地感觉到自己曾经认为理所当然的事情，其实都是非常幸运的事情。

然后，这一切都会作为正面信息被输入大脑。即便是习惯使用负面语言、做出负面行动的人，通过坚持"正面输出→正面输入"的循环，也可以切实地改变接收习惯。

习惯的关键

DAY
040

试着每天将"通勤路上的喜悦""职场的快乐""家庭的幸福"写出来。

041

将负面信息从大脑中清除出去

睡觉前做 10 分钟的"大脑清扫"，
第二天早晨就会有个良好的开端

就算我们有意识地告诉自己要坚持正面输出，但有的时候也会感觉"今天没有干劲""心情烦恼，实在笑不出来"。人类很容易被负面的感情束缚，这也是没办法的事情。关键在于，不要将负面的感情留到第二天。

我推荐大家一个方法，那就是"大脑清扫"。

正如其字面意思所表示的那样，将今天的感情彻底清扫干净。不要让烦恼和失落留在大脑里，应该在当天就将其从大脑中清扫出去。

虽然听起来有点复杂，但做起来其实非常简单。只需要在睡觉前将以下三点写出来：

（1）今天做得好的地方

（2）今天应该改善的地方

（3）明天的对策和决心

在写第三点"明天的对策和决心"时，不要用"想……"，而是用"要……"来表明决心。这样做，可以使我们在关注自己的优点的同时，养成思考如何改善缺点的习惯。

如果每天晚上只是反省"今天做得不好"，就会使我们陷入"所以自己是个没用的人"的负面思考之中。但如果能够在反省的同时思考"应该怎样改善"，我们就能想到"明天要这样做"的正面输出。

要想改变接收习惯，不能只"反省"，还要进行"分析"。

进行大脑清扫时的关键在于，越是在负面感情多的时候，越要多写"优点"，而在正面感情多的时候要多写"有待改善的地方"。

以运动选手为例，越是在"关键时刻出现失误"的时候，越要多找出自己在比赛中的闪光点。因为如果不有意识地多找出一些优点，那么自己的记忆就会被出现失误的负面数据占据。

如果能够明确"之所以会出现失误，是因为没有及时移动脚步"的改善点，并且写出"明天提前抵达赛场，多拿出一些时间做腿部拉伸"之类的对策和决心，就可以使第二天的自己采取积极的行动。反之，在"因为自己的出色发挥而大获全胜"的时候，应该尽可能多地找出需要改善的地方并写出来。

虽然在比赛中获胜了，但为了发挥出更好的水平，肯定有需要改善的地方。如果不考虑这一点，只是觉得"今天赢了太好

了"，那么今后或许会出现失误导致失败。

为了不被过去的记忆束缚，安稳地度过每一天，就应该坚持每天都思考优点和改善点。

此外，大脑清扫一定要在晚上睡觉之前进行。因为，每天睡觉前的 10 分钟是大脑的黄金时间。我们的大脑在睡觉时会像倒带一样将一天的记忆全部回卷，在第二天醒来的时候再重新播放。所以，如果我们带着不好的情绪睡觉，在第二天醒来的时候心情就会很沉重。

如果我们在睡觉前将"明天要第一个抵达赛场做拉伸"写出来，那么我们在第二天醒来之后就会马上想起"今天我要第一个抵达赛场做拉伸"，然后采取实际行动。

当你感觉心情郁闷的时候，请一定要在睡觉前拿出 10 分钟进行大脑清扫。在重复练习正面输出的过程中，你一定会切实地感觉到自己的接收习惯发生了改变。

042

提高"大脑的兴奋度"，
习惯就会变得更牢固
充满激情地描绘未来的梦想

　　习惯是否能够坚持下来，取决于我们的大脑"喜欢"还是"讨厌"它。关于这一点，本书已经反复强调过很多次了。

　　大脑认为快乐的事情就能坚持下来，大脑认为不快乐的事情则坚持不下来。既然如此，我们就应该养成能够提高大脑的兴奋度的思考习惯。

　　要想提高大脑的兴奋度其实非常简单，只要充满激情地描绘未来的梦想即可。正如我在第 3 章中说过的那样，要想不被左脑过去的记忆所支配，就必须描绘右脑未来的梦想。

　　人类的大脑如果不加控制就会自动搜索过去的负面记忆，认为自己"做不到""不可能取得突破"。也就是说，根据过去的经验养成的负面思考的习惯，会给我们接下来的行动习惯增添障碍。但如果能够充满激情地描绘未来的梦想，就可以扫清这些障碍。

遗憾的是，最近越来越多的年轻人都认为"没什么特别的梦想"，甚至还有人认为"说什么梦想，感觉好丢人"。这对大脑来说是最坏的思考习惯。

如果只是"现在还没找到梦想"，那么问题还不大。因为任何人都会有不知道自己想做什么、想要什么的时期。问题在于，自己不去主动地寻找梦想。要是连寻找梦想这件事都不愿意去做，那么你的大脑一辈子也不可能兴奋起来。

如果你现在还没找到自己的梦想，那请试着做一下"梦想训练"。说是训练，其实一点也不难。只要按照以下的顺序描绘自己的未来即可。

关键在于从"或许"开始。一开始不必认为"一定要……""自己肯定能行……"。先从"或许可以试试……""要是成功了或许会很棒……"开始，应该就没那么难了。

（1）想象理想中的自己

请想象一下"如果那样的话，或许会很棒""我要是去尝试那件事或许会很帅气"。

例：如果我成为销售冠军，或许会很棒。

（2）具体地想象成为理想中的自己后的状态

请想象一下"如果能做到这件事，或许会很快乐""如果能取得这个成果或许会很开心"。

例：如果我成为销售冠军，备受同事的关注和后辈的尊敬，或许会很快乐。

（3）想象他人高兴的样子

请想象一下，当成为理想中的自己之后，他人为你感到高兴的样子。

例：如果我成为销售冠军，课长或许会很开心地对我说："我们团队一直因为业绩不佳而苦恼，你取得这么好的业绩真是帮了大忙。"

（4）想象成为理想中的自己之前可能遇到的问题

请想象一下，为了成为理想中的自己都需要解决哪些问题。

不过，大脑在检索过去的记忆时很容易产生"做不到"的负面思考，所以从这个阶段开始，就要将"或许"切换成"一定""必然"。

例：如果我成为销售冠军，必须再开发10个新客户，我一定能够做到。

（5）具体地想象自己成为理想中的自己之后开心的样子

在这个阶段，需要以"已经成为理想中的自己"为前提，想象自己开心的样子。

例：我成为销售冠军，受到公司的表彰，还可以将这个喜讯告诉家人，真是太开心了。

首先从"或许"开始，其次在阶段（4）切换成"理所当然"的坚定信念。在这个过程中，你可以切实地感觉到梦想成真后的心情，大脑也会随之兴奋起来。

你还可以将语言习惯结合进来，大声地宣布："我将在 1 年后成为公司的销售冠军。"不要觉得自己这是在说大话。

如果我们说"我现在要成为销售冠军"，因为自己现在并没有做到，所以这是在说大话。但我们说的是"1 年后成为销售冠军"，这是将来可能实现的事情，至少在当前的时间点我们并没有说大话。

我们只是将自己的梦想说出来而已，并没有伤害任何人。所以，大胆地对自己许下承诺吧。因为大脑很好骗，所以会对我们说出口的话深信不疑，自然就会使我们采取实现梦想的行动。

要想改变思考习惯，首先要让大脑兴奋起来，充满激情地描绘未来的梦想。

习惯的关键

DAY 041 越是在失败的日子里越要找出优点，越是在成功的日子里越要找出改善点。

习惯的关键

DAY 042 充满激情地描绘未来的梦想，扫清大脑里的障碍。

043

用"未来年表"和"未来日记"进一步提高兴奋度
一流的运动员也用这种"未来可视化"的方法

要想提高"对未来的兴奋度",可以将自己在未来的状态写在纸上。如果只是认为"要是能这样就好了",那么梦想将很难实现。为了不被过去的记忆束缚,我们必须坚信"这个梦想一定能够实现"。

因此,将未来写在纸上将其可视化,具体地想象自己实现梦想之后的状态,是非常有效的方法。制作"未来年表"就是方法之一。将你渴望实现的愿望按照从未来到现在的顺序依次写下来。

"2025年,开一家自己的咖啡店""2023年,去法国留学,在正宗的咖啡店里学习""2021年,跳槽到心仪的知名咖啡店""2020年,去语言学校学法语""2019年,成为现在工作的这家咖啡店的店长"……像这样制作"未来年表"。

将未来的自己的状态按照从未来到现在的顺序写下来，可以使自己对未来的想象更加清晰。即便一开始只是觉得"要是能这样就好了"，但随着对未来的描绘越来越具体，你也会相信"这个梦想一定能实现"。

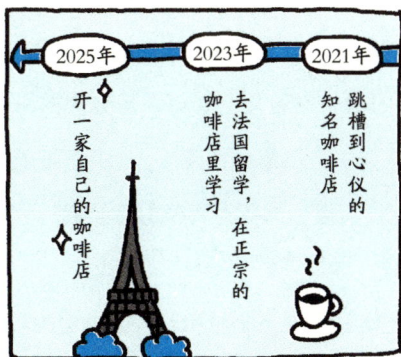

除了"未来年表"，大家还可以试试"未来日记"。想象梦想成真的那一天，将那一天记录下来。很多运动员都采用了"未来日记"的方法。

如果目标是在 2020 年的奥运会上夺得金牌，那么就想象决赛当天的情况，将发生了什么都详细地记录下来。

"2020 年，我终于在东京奥运会上夺得了金牌。站在最高的领奖台上，看着国旗高高升起，我的心情无比激动。这多亏了一直以来支持我的教练、队友，还有我的家人。能拥有这样的荣誉，我真是太幸福了。"

像这样，将本来应该在夺得金牌的那天晚上才能写的日记，提前写出来。将这篇日记贴在自己家的墙上，并且复印几份随身携带，保证随时都能看到。

自己每次看到这篇日记时，都能加强对夺得金牌的想象，从而产生"我一定能行"的信心。只要相信自己能够夺得金牌，不管多么艰苦的训练都能坚持下来。这样就很有可能实现梦想。

在2012年的伦敦奥运会上夺得拳击金牌的村田谅太，就将"未来日记"贴在了自己家的冰箱上。"我夺得了金牌。非常感谢。"从还没取得奥运会的参赛资格的时候起，他就将这句话输入了自己的大脑。

据说写下这句话的并不是村田本人而是他的夫人，但因为这句话就贴在冰箱上，村田每天都能看见，结果这句话就在他的大脑中留下了非常深刻的印象。

把自己的未来写出来，将其可视化。这就是让自己"对未来充满期待"的秘诀。

习惯的关键

DAY
043

将理想的未来可视化，给大脑留下深刻的印象。

044

找一个能"谈论梦想"的朋友

与充满正能量的人交往

　　还有一个可以让我们对未来充满期望的方法，那就是找一个可以一起谈论梦想的朋友。当你说起自己的梦想时，如果有一个对你的梦想给予肯定并且鼓励你的朋友，那么你大脑中的正面思考将得到极大加强。

　　因为你的正面输出得到了正面的回应。有一个这样充满正能量的朋友，可以使你的兴奋度提高数倍。如果你的正面输出得到负面的回应，那会是怎样的结果呢？

　　当你说起自己的梦想时，对方却说"那不可能""很难做到吧"，那么你的正面输出就会被这种负面的回应抵消。

　　我们经常能在小酒馆里看到满腹牢骚的工薪族，他们相互进行负面输出。因为这些人全都拥有消极的思考习惯，所以输出的内容也都是负面的。

人类的干劲消失起来非常快。只要你有几个总是将"不好了""太难了""做不到""没办法"挂在嘴边的朋友，那么你对未来的期待就会瞬间消失。反之，如果你的朋友都是积极向上的，那么你也会充满干劲。

如果有总是将"简单""能做到""没问题""太棒了"挂在嘴边的朋友，请你一定要珍惜和他的关系。

习惯的关键

DAY

044

珍惜充满正能量的朋友。

045

寻找"曾经使自己感到兴奋的事情"和"憧憬的人"

无论如何也想象不出未来的应对办法

前面我为大家介绍了通过想象未来提高兴奋度的方法。但也有一些人"无论如何都想象不出未来的样子""一说起梦想就感觉充满压力"。请不要担心，即便是这样的人也一样有办法提高兴奋度。

这个办法就是回忆"曾经使自己感到兴奋的事情"。

就算是无法想象未来的人，也一定有过梦想，或者有过非常快乐的经历。只要能想起这些事情，就请将它们都写下来。不管是多久之前或者多么微不足道的事情都没关系。

"上小学的时候赛跑拿了第一名""小时候想成为足球运动员""第一次上台演奏钢琴的时候非常开心"，像这样的内容就可以。

然后，请问自己这样一个问题："如果过去的自己遇到了现在的自己，会说什么呢？"试着想一想吧。

"我赛跑拿了第一名，所以你也要成为销售冠军""我为了成为足球运动员那么刻苦地训练，所以你现在也要努力工作啊"，肯定都是这些积极的鼓励吧。

应该不会说出"你做什么都不行"之类的负面信息。毕竟过去的自己正处在兴奋的状态中，对未来也充满了期待。

就算现在想象不出未来也不要紧，只要能够回忆起"曾经使自己感到兴奋的事情"，就说明我们拥有提高自身兴奋度的能力，接下来我们需要做的就是等待能够想象出未来的时机来临。

提高兴奋度还有一个技巧，那就是寻找自己憧憬的人。

如果实在想不出"理想中的自己"，那么可以先找一个憧憬的人，他其实就是你理想中的模样。

憧憬可以帮助我们想象自己未来的样子。最好将憧憬的人的名字写在纸上将其可视化。只要是你认为"帅气""潇洒""值得尊敬"的人，都可以写出来。

然后从中找出你最有好感或者最尊敬的人，思考"如果这个人向我发出声援，他会说什么"。他一定会说"你也要成为像我一样的人""你也要努力加油"之类的话吧。

无论如何也想象不出未来的人，可以尝试一下这两个方法。

046

欺骗大脑，养成"确信习惯"

向大脑提出正面问题

　　读到这里的诸位应该都发现了一件事，那就是人类的大脑非常容易被欺骗。因为大脑无法区分真实和谎言，所以这也是没办法的事。但对想要养成习惯的人来说，这绝对是一个好消息。

　　只要是人类的大脑认为"能做到"的事情，就全都能做到。也就是说，只要让大脑养成不管面对多么困难的事情都相信"我肯定能做到"的确信习惯，任何人就都能够实现梦想，取得成功。

　　那么，要怎样才能养成确信习惯呢？答案是"向大脑提问"。大脑的机制是对任何问题都会做出回答。

　　而且，大脑对正面问题会做出正面回答，对负面问题则做出负面回答。比如你对大脑提问"为什么我总是失败"，那么大脑就会开始寻找失败的原因。但如果你对大脑提问"我要怎样才能成功"，那么大脑就会开始寻找成功的方法。

所以，提出后面的问题，大脑就会告诉你成功的方法，然后你自己也会相信"我肯定能做到"。

如果你对大脑提问"为什么我这么笨"，那么大脑就会开始寻找你笨的原因。如果你对大脑提问"为什么我这么聪明"，那么大脑就会开始寻找你聪明的原因。

提出后面的问题，大脑就会告诉你变聪明的方法，然后你自己也会相信"我肯定很聪明"。

大家理解了吗？了解大脑的机制之后，要想欺骗大脑简直易如反掌。只要不断地向大脑提出正面问题，那么自己也会成为理想中的自己。

取得成功的人，无一例外都对"自己能做到"深信不疑。不管是松下幸之助、本田宗一郎，还是比尔·盖茨和史蒂夫·乔布斯，他们都相信自己能做到全世界 99% 的人都做不到的事。因为他们养成了相信自己能够成功的习惯。

我们的大脑是属于我们自己的，所以请不必有顾虑，大胆地去欺骗它吧。

习惯的关键

DAY 045

"曾经使自己感到兴奋的事情"和"憧憬的人"可以帮助我们找到提高兴奋度的方法。

习惯的关键

DAY 046

坚持向大脑提出正面问题。

047

将"坏的错觉习惯"转变为
"好的错觉习惯"

强和弱，擅长和不擅长，全都是个人的错觉

　　大脑这么容易被欺骗究竟意味着什么呢？这意味着"一切都只是我们个人的错觉而已"。

　　请大家立刻回答这个问题，你擅长猜拳吗？或许有人回答"擅长"，有人回答"不擅长"吧。让回答"擅长"的人和回答"不擅长"的人来进行猜拳，最后谁会获胜呢？恐怕只有真正比试一下才能知道。

　　很有可能认为自己擅长猜拳的人最后输了，而认为自己不擅长猜拳的人最后赢了。也就是说，擅长还是不擅长猜拳，完全是我们个人的错觉。

　　错觉决定了我们是什么人。

　　如果我们认为"自己不擅长学习"，那么可能只是因为很久以前父母曾经对我们说过一句"你不擅长学习"，导致我们产生了这样的错觉。

绝大多数考上东京大学的学生，他们的父母也是东京大学毕业的。但这并不是因为这些学生遗传了父母的聪明头脑，而是因为他们看到在家里显得十分平凡的父母都能考上东京大学，产生了"连这样的人都能考上东京大学，那我也能"的错觉。

大脑对"考上东京大学"深信不疑，并开始寻找考上东京大学的方法。于是学生就会坚持刻苦地学习。由此可见，错觉决定了我们的人生。与坏的错觉相比，好的错觉毫无疑问能让我们变得更加幸福。

请大家利用本章中介绍的方法，尽可能地养成好的错觉习惯吧。多说正面的话，具体地想象自己实现梦想时的样子，对大脑提出正面问题，培养"我能做到"的错觉习惯。

只要坚持下去，总有一天错觉也会变成现实。然后，你就能获得理想中的人生。坚持好的错觉习惯，成为理想中的自己的那一刻终将到来。

习惯的关键

DAY
047

尽可能坚持"好的错觉习惯"。

第 5 章

用习惯的力量
改变人生

048

改变习惯，人生的一切都会好转
坚持想坚持的，停止想停止的

只要改变习惯，人生的一切就将随之改变。不管是工作、学习、人际关系还是健康状况，一切都将朝好的方向发展。

在本章中，我将针对各个不同的主题，对成功养成习惯的关键进行详细的说明，请大家务必掌握其中的秘诀。

习惯的关键

DAY
048

改变习惯，可以使一切都朝好的方向发展。

049

坚持好习惯①
早起

准确决定"起床时间"和"睡觉时间"

如果想要早起，首先需要决定"起床时间"。可能有人觉得"这不是理所当然的事吗"，但很多没办法坚持早起的人，都对"应该几点起床"没有一个准确的定义。

结果就会出现"本来打算6点起床，但今天太困了，再睡30分钟吧"的情况，起床时间一拖再拖，最后早起变成了赖床。

如果真的想要早起，必须给自己规定一个起床时间。决定好起床时间之后，还需要决定"前一个习惯"。

正如我在第3章中说过的那样，决定起床时间之后，还必须决定"睡觉时间"。决定睡觉时间之后，还要决定"几点洗澡""几点吃完晚饭""几点到家"……像这样一个接一个地将前一个行动的时间决定下来。

所谓"习惯"就是和自己做出约定，然后遵守它。如果约定的内容太模糊、笼统，那么自己也会不知道应该怎么做。所以，让约定的内容尽可能地具体，是把习惯坚持下去的秘诀。

习惯的关键

DAY
049

如果没有准确决定起床时间，就很难坚持早起。

050

坚持好习惯②
写日记

1个字也 OK，还可以试试"交换日记"

如果想养成写日记的习惯，那么请尽可能地降低难度。

比如"只写1行就行"，那么不管多么疲惫，多么没有内容可写，至少也能保证遵守和自己的约定。极端点来说，哪怕只写1个字也 OK。总之，只要打开日记本，在上面随便写点什么，就算是完成了"写日记"这项作业。

如果认为"每天必须认真地写满1页"，那么很快就会遭遇挫折。所以，关键不在于写的内容有多少，而在于坚持下去。

无论如何都坚持不下去的人，可以试着"为了他人"写日记。

某企业鼓励员工们写"OJT 笔记"。所谓"OJT 笔记"，就是在一天的工作结束之后，将自己的收获、经验以及明天的目标写在笔记本上，这也算是日记的一种。

有一个企业的社长在参加了我的讲座之后，打算让员工们也养成好习惯。但这位社长让员工们写笔记并不是为了提高工作业绩，关于写笔记的目的，他是这样说的："请为你们将来的孩子们写笔记吧。"

即便是年轻的员工，将来也会结婚生子。到时候，可以给自己的孩子们看这本笔记，告诉他们"爸爸妈妈年轻的时候是这样努力工作的"。

既然是为了将来的孩子们，那么自然不能懈怠。员工们一想到"会给自己的孩子带来正面的影响"，每天都很认真地写笔记。

写日记也是一样的。如果"为了自己"难以坚持下去，那就将目标设定成"为了将来给家人看""为了让重要的人了解自己"，这也是把习惯坚持下去的方法之一。

要是觉得自己一个人坚持不下去，那也可以尝试"交换日记"的方法。

我在担任北海道某中学篮球部的精神训练师的时候，建议学生们将每天发生的事情和自己的感想记录下来。学生们每天早晨到学校之后，先要去教师办公室将日记本交给班主任老师。班主任老师给每篇日记写上评语后再交还给学生。

这就像学生和老师之间交换日记一样。如果自己写的日记要被其他人阅读的话，那自己就不能偷懒，必须坚持每天都写。

某人寿保险公司的营业所也在我的建议下让保险推销员们相互交换日记。他们将自己每天的感受和经验都写在日记本上，然后互相交换阅读。

即便是在自己感到失落的时候，看到别人在日记上写着"明天也要继续加油"，自己也能得到正面输入。然后自己在日记本上写下"我也会继续努力"，就完成了正面输出。

通过交换日记，彼此之间可以形成"正面输入→正面输出"的循环，从而加强大脑的正面思考。

此外，由于日记会被他人读到，所以里面自然会有"能够切实地感觉到大家都在帮助我""感觉自己不是孤身奋战，谢谢大家"之类的感谢周围的人的话。

这些都有助于我们养成更关注正面信息的接收习惯。结果，在让员工们交换日记的营业所中，不管是员工的工作积极性还是团队的配合度都得到了提升，销售业绩也不断提高。

对于一个人难以坚持下去的习惯，可以试着将他人拉进来，这是把习惯长期坚持下去的秘诀之一。

习惯的关键

DAY
050

◆ 难以坚持习惯的人，可以试着将目标换成"为了他人"。

051

坚持好习惯③
写博客

不必非要写有趣的事和吸引人的事

越来越多的人为了分享与自己的工作和兴趣相关的信息，以及加深与读者之间的交流而开始尝试写博客。但实际尝试过之后，也有不少人因为坚持不下去半途而废了。

写博客和写日记不同，写博客从一开始就有读者，相当于从开始的时候就已经将他人拉进来了。

那为什么还是坚持不下来呢？因为我们总想写优秀的内容。很多人都认为"博客上的内容必须有趣和吸引人"，但这样的话难度就太高了。要想将写博客的习惯坚持下去，首先应该这样想："不管写什么内容都好，总之坚持写。"

我在12年前决定每天坚持写博客，

但最开始给自己设定的标准是"写1行就OK"。虽然我并不会真的写1行就完事，但因为这个标准的难度很低，所以我很轻松地就坚持了下来。

对于"实在想不到应该写什么"的人，我建议直接写自己的事情。自己喜欢什么、自己的家人、自己每天的生活等，不必加以美化，实事求是地写出来即可。比如"昨天去小酒馆喝酒了""我老公是这样的人"，写什么内容都可以。

如果写自己的事，肯定能找到想写的内容。就算最近没什么可写的，还可以写一写过去的事情，如小时候和上学时发生的事。

将自己的事情实事求是地写出来，也会使读者产生"想继续看下去"的想法。因为读者会对真实的我们做出评价，所以我们也会越发觉得写博客是件快乐的事情。

到了这个阶段，接下来我们就会自然而然地将写博客的习惯坚持下去了。不想让读者失望的心情是长期坚持下去的关键。

习惯的关键

DAY 051 ◆ 不必拘泥于优秀的内容，哪怕只写一行也没关系，只要坚持下去就好。

052

坚持好习惯④
减肥

具体地描绘出成功之后的情景

如果想减肥的话，首先应该明确"理想中的自己"。

正如我在第 3 章中说过的那样，只"想瘦下来"是不够的，关键在于具体地描绘出减肥成功之后的情景，如"想让自己能穿那件迷你裙""想穿上西装后显得笔挺干练，给初次见面的人留下精明强干的好印象"。

此外，我们还可以通过向大脑提出正面问题来帮助自己成功减肥。因为只要向大脑提出正面问题，大脑就会思考正面的答案。

比如，向大脑提问"我为什么减肥成功了"。关键在于以"减肥已经成功"为前提进行提问。大脑由于无法区分真实和谎言，所以会努力地寻找答案。

结果大脑会给出如下的回答。

"因为我更喜欢吃菜，吃肉吃得少了。""因为我将一直以来吃零食的时间用来运动了。"大脑给出的回答都是"成功减肥的方法"。只要将这些方法与"减肥成功就能穿上那条迷你裙"的理想形象结合起来，我们就能开始采取减肥的行动。

"想象理想中的自己 + 对大脑进行正面提问"，是让减肥坚持下去的强大动力。

习惯的关键

DAY
052

请先明确"理想中的自己"。

053

坚持好习惯⑤
跑步

感觉疲惫的话走路也没关系

要想坚持跑步，一开始也不能制定太高的目标。

如果你决定"每天早晨跑 5 千米"，结果跑了 1 千米就累得上气不接下气，那么你很可能会认为自己"根本不能跑步"，于是就这么放弃了。

对一直以来没有跑步习惯的人来说，在开始跑步之前，必须先养成"每天早晨走出家门"的习惯。正如我在第 1 章中介绍过的那个拳击手的事例一样，最初他给自己制定的目标只是"每天早晨起来，穿上运动服去外面走走"。

就算只跑了 100 米，至少也坚持了既定的目标，在让自己得到"今天也成功坚持了习惯"的成就感的同时也可以使大脑产生"跑步 = 快乐"的记忆。

这样一来，在第二天早晨你也会坚持同样的习惯。当然，在决定养成跑步的习惯的时候，还要与之配合地决定前一个习惯，如"睡觉前将运动服放在枕头旁边"。

当能够坚持每天外出之后，接下来就可以将目标升级为坚持跑步了。坚持跑步的难度不宜太高，应该把目标设定为"感觉疲惫的话走路也没关系"。

绝对不要追求完美主义。就算在大部分时间里一直在走路，但哪怕只是一开始跑了几分钟，今天也算坚持跑步了。

另外，如果想长期坚持下来的话，那么最好将目标设定为"时间"而非"距离"。比如将目标设定为"每天 30 分钟"，而不是"每天 5 千米"。

将目标设定为时间的话，就算只跑了 10 分钟，剩下的 20 分钟都在走路，也能完成"每天 30 分钟"的目标。而且因为每天花费的时间是固定的 30 分钟，所以在安排时间表的时候也更方便。

如果将目标设定为距离，一旦中途跑不动了只能走路，那么为了完成"每天 5 千米"的目标需要走很长时间。这样一来，我们就会因为花费的时间太长而难以每天坚持下去。而且由于每天花费的时间长短不一，也不容易将其安排进时间表之中。

由此可见，将目标设定为时间更有助于将跑步的习惯长期坚持下去。

不过，有的人可能"连 30 分钟也坚持不下来"。在这种情况下，请试着向大脑提问。提问的方法分为两种。

一种是以"愿望"提问。这是由"理想的状态"所引出的问题。比如，"坚持跑步会带来什么好的结果"。那么大脑就会给出"身体会更加健康，工作会更加顺利"的回答。

接着继续提问，"工作顺利的话，对自己有什么好处"。大脑会给出"得到上司的认可，使自己能够面对更有挑战性的工作"的回答。

像这样通过"理想的状态"来明确自己的愿望，可以使大脑做出"坚持跑步 = 快乐"的判断，从而产生接近反应。于是，跑步的习惯就能坚持下来。

还有一种方法是以"恐惧"提问。这是由"讨厌的状态"所引出的问题。比如，"不跑步会造成怎样的结果"。那么大脑就会给出"体重不断增加"的回答。

接着继续提问，"体重增加会怎样"。大脑会给出"被上司认为缺乏自我管理能力，难以得到晋升"的回答。

像这样通过"讨厌的状态"来明确自己的恐惧，可以使大脑做出"不跑步 = 不快乐"的判断，从而产生回避反应。于是，跑步的习惯就能坚持下来。

一般来说，首先应该从正面的提问开始。不过也有一些人属于那种假设最坏的情况，反而能够使其产生不服输的心态而努力反抗的类型。

　　所以，当以"愿望"来提问感觉不怎么奏效的时候，不妨试试以"恐惧"来提问。

　　但不管怎么说，关键在于通过向大脑提问，明确自己"理想的状态"。只要对未来有一个具体的想象，自然就会对自己产生信心，从而将习惯长期坚持下去。

习惯的关键

DAY 053

将目标设定为"时间"而非"距离"。

054

坚持好习惯⑥
健身

关键在于循序渐进

　　健身和跑步基本相同。绝对不能一开始就将目标制定为"每天坚持仰卧起坐 30 次"。将目标制定为"仰卧起坐 1 次就好"，是长期坚持下去的关键。

　　与一开始就做 30 次仰卧起坐的人相比，逐渐增加次数的人坚持的时间更长。即便第 1 天只做了 1 个，但第 2 天做 2 个，第 3 天做 3 个，1 个月之后就能做 30 个，这时自己会获得极强的成就感。

　　逐渐增加次数就像玩游戏不断升级一样，能够提升我们的兴奋度，从而更容易养成习惯。

　　特别是像健身这样与身体直接相关的习惯，绝对不能太勉强自己。"昨天做了 10 个，今天感觉不错，试着做 30 个吧"，这样突然增加身体负荷，很容易导致腰酸背痛。

　　结果就是因为身体超出负荷而不得不休息，健身被迫中断。而习惯一旦中断，再想重新继续下去，又需要花费额外的时间和精力。

　　要想把健身坚持下去，关键在于循序渐进，一点一点地增加难度。请注意，绝对不要突然增加难度。

习惯的关键

DAY
054

循序渐进，一点一点地增加难度。

055

坚持好习惯⑦
工作

"前一个习惯"可以提高工作的品质和效率

　　如果想成为擅长工作的人，就应该时刻注意"前一个习惯"。比如，想从早晨开始就将全部的精力放在工作上，那么最好养成"在前一天晚上就确认明天的工作日程"的习惯。

　　提前确认明天需要做的事情，可以更合理地对工作进行安排，使工作进行得更加顺利。同时，提前确认工作日程还可以使我们避免出现遗漏以及迟到的情况。

　　此外，利用睡觉前10分钟的大脑的黄金时间对工作日程进行确认，还可以强化右脑对未来的想象。

　　如果能够将明天需要拜访的客户的容貌都想象出来，就会更加具体地想象出明天商谈时的情景，如"这位顾客希望能够多得到一些样品，我明天多带点过去他一定会很高兴"。由于大脑对

"为了他人"的事情会感到更加兴奋，所以你的工作积极性也能因此得到提高。

除此之外，还有许多可以尝试的"前一个习惯"。

"前一天将办公桌收拾干净之后再回家""将会议上需要说明的资料全都放在公文包里""睡觉前将明天要穿的皮鞋擦好"，这些习惯都可以使我们第二天的工作变得更加顺利。

要想提高工作的品质和效率，请想一想有什么自己能做到的"前一个习惯"，然后认真地将它完成。

习惯的关键

DAY
055

养成前一天晚上确认"明天的工作日程"的习惯。

056

坚持好习惯⑧
培养部下

强调"快乐"而非"正确"

　　担任领导的人，或许都有"部下成长的速度太慢""部下的工作积极性不高"之类的烦恼吧。绝大多数人在这种情况下都会觉得是"部下不好"，但有时候也应该反省一下"是不是自己的领导方式有问题"。

　　要想让部下得到成长，激发部下的工作积极性，必须从大脑上做文章。正如前文中多次提到的那样，只让大脑认为"正确"，是无法把习惯坚持下来的。

　　要想把习惯坚持下来，必须让大脑感觉"快乐"。

　　因此，在领导部下的时候，不要说"这样做是正确的"，而需要让部下知道"这样做是快乐的"。比如，你从事的是销售工作，那么就不要告诉部下"达成销售目标是正确的，所以你要加油"，而要将工作的快乐传达给部下，如"让超市的货架上摆满我们的商品，把竞争对手的商品挤出去，是不是令人感觉很兴奋啊"。

只要部下能够从工作中感觉到快乐，那么不用你提醒，他也会主动地为了实现"让超市的货架上摆满我们的商品"这一目标而努力工作。

此外，还要注意一下自己是否在无意识中对部下说出过"这么点小事都做不好吗""你可真没用"之类的话。

你的这些负面输出会直接输入部下的大脑。然后，部下就会认为"自己什么都做不好""自己是个没用的人"。

要想让部下取得成长，上司就要坚持正面输出。

在这种情况下，正面输出指的就是对部下进行表扬。但表扬必须讲究方式方法，关键在于"根据对方的基准来表扬"。千万不要根据自己的基准来表扬。上司比部下工作经验更加丰富，业绩也更优秀，所以比部下做得更好是理所当然的。

但如果上司以自己的基准来对部下进行评判，结果只会产生"你怎么连这种小事都做不好"的负面输出。所以，一定要站在部下的立场对其进行评判，如"刚刚入职3年就能做到这种程度，真了不起"。

如果以自己的基准来看感觉对方的水平很低的话，那么不妨站在对方的立场重新思考一下。

要想表扬部下，首先必须仔细地观察对方。采用正确的表扬方式，用合适的语言来表扬对方，可以使对方感到非常高兴。

与"继续努力"这种适用于任何人的表扬相比，"你上周提交的报告，分析得非常到位，我很欣赏"这种更具体的表扬内容能够给对方留下更深刻的印象。

要想激发部下的工作积极性，坚持对部下的大脑进行正面输出尤为重要。身为上司，一定要养成仔细观察部下的习惯，思考"怎样表扬他才能使他的大脑感到快乐"。

习惯的关键

DAY 056

坚持对部下的大脑进行正面输出。

057

坚持好习惯⑨
销售

"信赖"与"感谢"是提高销售额的关键

从事销售工作，并且取得不错业绩的人，无一例外都是"对公司的产品充满信赖""对公司充满感激"的人。

只有坚信"这件商品非常好"的人，才会认为"应该将这件商品交到更多的顾客手中"。所以，他们会非常积极地打电话和上门推销商品，而且干劲十足。

销售其实是一项非常简单的工作，只需要"与更多的人见面，与更多的人交流"。积极地去开拓客户的销售员，其业绩肯定更好。

而那些业绩不佳的销售员，都觉得"自己工作是为了完成销售任务"。这样的人对商品缺乏信赖，只是为了完成任务而工作，所以就连他们自己也怀疑"这种东西是否真的能卖出去"。

当他们遭到一次拒绝之后，就会产生"下次肯定也不行"

的负面思考。然后当真的又遭到拒绝时，心理防线就会被彻底击垮。

是否对公司充满感激，也会给销售业绩带来极大的影响。

"这件商品是开发部和生产部的同事们辛勤劳动的成果，我承担着将其销售出去的重任，绝对不能因为被拒绝而退缩。"拥有这种思考习惯的人，其销售业绩肯定会越来越高。

而认为"只有负责销售的我最辛苦"的人，心里想的是"给我这种差劲的东西，怎么可能卖得出去"。

只要相信"自己销售这件商品是为了让世界变得更好"，并且对公司充满感激，就算工作经验和能力稍有不足，也一样能够提高销售业绩。

或许有人认为，"我们公司的商品的质量确实一般，顾客的评价也不怎么好"，但这样想也不能改变任何事。

要想提高销量，就必须将顾客的评价和市场情况反馈给公司，对开发部和生产部的同事提出"市场反馈了这些意见，请想办法改进"。

但要想让自己提出的意见得到大家的认可，首先你必须取得一定的业绩。如果自己没有取得任何成绩，只是一个劲地抱怨"这种商品卖不出去"，那么肯定会遭到其他人的反驳，"卖不出去是因为你不够努力吧"。

因此，越是"希望商品变得更好""希望公司能够采纳自己的意见"的人，越应该将自己眼前的工作做好。如果你拥有"想要这样做"的坚定决心，并且通过语言和行动将决心表现出来，那么和你的想法相同的人自然会来到你的身边，为你提供支持。

只要你坚持"希望商品变得更好"的正面输出，那么这个信息输入其他人的大脑之后，其他人就会开始思考"应该怎么做才能让商品变得更好"。

当想要进行改变的时候，不要只是一味地抱怨，而应该将想法通过语言和行动进行输出。这样的话，你自然会得到周围的人的协助与支持。

习惯的关键

DAY
057

"与更多的人见面，与更多的人交流""对公司的产品充满信赖""对公司充满感激"。

058

坚持好习惯⑩
学习

想象入学后的激动心情就能坚持学习

准备考试的时候，大家一定都希望被"理想的学校"录取吧。但仅凭这一点，我们很难将长期且艰苦的应试复习坚持下去。

所以，我们必须想象自己"被理想的学校录取后是什么样"。"在自己喜欢的专业学习深造""结交到了许多朋友""在社团活动中大显身手"，像这样尽可能具体地将让自己感觉兴奋和激动的事情想象出来。愿望越大，我们越能忍受更多的辛苦。"进入这所学校之后，我要……"，这样的想法越强烈，我们坚持学习的时间就越长。

对于从没坚持做过任何事的人，我建议在养成学习习惯的同时也可以养成一些其他的小习惯。

我曾经为小学生们做过脑力开发训练，每次我都会和孩子们做一些约定。比如，让孩子们在吃完饭后洗自己用过的碗筷。孩子的家长们对我的要求都很不理解，认为这和学习无关，但对孩子们来说，拥有"成功遵守约定"的经验是很重要的。

能够坚持小习惯的人，即便将这个小习惯换成应试复习，他也能够坚持下去。这种"坚持"的能力，适用于任何情况。

一直以来都不能坚持学习的人，不妨试试在学习之外找一个任何人都能做到的小习惯坚持下来。这对于养成学习习惯一定大有帮助。

习惯的关键

DAY 058

◇ 在学习之外，再找一些任何人都能做到的小习惯坚持试试。

059

坚持好习惯⑪
学习英语

不要只追求分数，要想象学习英语的乐趣

　　想学习英语的人，一般都对"为什么学习英语"有清楚的认知。比如，"工作上需要用到英语""想跳槽到外企""出国旅行时想和当地人自由交流"等，每个人学习英语都有自己的原因。

　　但遗憾的是，仅凭这些原因似乎很多人都坚持不下来。

　　在这种情况下，坚持不下来的人缺少的不是目的，而是兴奋度。除了有"为什么学习英语"的目的，更重要的是通过想象"学习英语之后会有哪些乐趣"来提高兴奋度。

　　"工作上需要用到英语"的人，可能是因为"必须取得一定的托福分数才能升职"而不得不学习英语。对这样的人来说，不应该只追求分数，还应该想象"升职后有多么快乐"。

　　"升职后，我就是同期入职的同事里最早升职的人""升职后就可以做我一直想做的企划了",像这样描绘出令自己感到兴奋的理想状态,就一定能取得成功。

愿望越大,我们越能忍受更多的辛苦,这样我们就能向着梦想不断努力。

习惯的关键

DAY
059

具体地想象"学习英语会给自己带来哪些乐趣"。

060

坚持好习惯⑫
读书

首先只要"把书翻开"就好

　　要想养成读书的习惯，有一个好方法。那就是和自己约定"每天都把书翻开"。没必要约定"每天读 30 分钟""每天读 10 页"。对从来没有读书习惯的人来说，首先应该尽可能地降低难度。

　　即便是不愿意读书的人，也应该能做到"把书翻开"吧。不想读也没关系，只要把书翻开然后再合上就行。这样也算遵守了"每天都把书翻开"的约定。

　　当养成每天都把书翻开的习惯之后，接下来可以试着"只读第一行"。如果读完第一行之后还想接着往下读的话，继续读下去也没关系。在绝大多数情况下，读完第一行之后我们都会产生继续读下去的欲望。

　　很多人之所以无法坚持读书，是因为他们没有采取第一步的行动"把书翻开"。当然，如果一开始就读晦涩难懂的书也会难以坚持，所以最开始请选择自己感兴趣的书或者内容比较简单的书来读。如果实在不愿意读书，先从漫画或者绘本开始也好。

不愿意读书的人，可能在以前读书的时候曾感觉到内容枯燥或者难以理解。因此，大脑根据过去的记忆做出"读书 = 不快乐"的判断，结果使你讨厌读书。

在这种情况下，首先要将"读书"和"快乐"联系起来。只要是能让你感觉有意思的书，任何种类都没关系，漫画是最好的选择。当"读书 = 快乐"的数据被输入大脑之后，接下来即便你去阅读其他类型的书也会感到快乐。

要想养成读书的习惯，决定时间和地点也很重要。

"每天早晨在通勤的电车里读书""午休的时候在公司的办公桌上读书""到家后坐在沙发上看书"，像这样将阅读安排进每日的生活之中，可以更容易养成习惯。

与此同时，还需要注意"前一个习惯"。如果决定在通勤的电车里和公司里看书的话，那就必须养成"将书放进公文包里"的习惯。如果决定到家后看书的话，那就应该将书放在沙发旁边的茶几上等显眼的地方。

只要做到上述几点，那么我们自然能够养成阅读的习惯。

习惯的关键

DAY 060 ◇ 首先从感兴趣的书开始，读漫画和绘本也没关系。

061

坚持好习惯⑬
存钱

明确存钱的目的

　　明明没有乱花，但不知不觉钱就花光了，根本存不下钱。有这种烦恼的人，首先需要明确"存钱的目的"。

　　我推荐给大家一个方法，那就是给存款取名字。具体来说，可以先建立"普通存款""目的存款""人生存款"3 个账户。

　　"普通存款"就是每个月领工资的账户。"目的存款"则是为特定的目的准备的存款账户，比如"全家旅游""买车""买房首付"等，针对具体的目标有计划地存款。"人生存款"账户里的钱一旦存进去就不能取出来，一般将"每个月工资的 10%"存进去。

　　我在孩子们还很小的时候就给他们分别建立了这 3 个账户。他们拿到的零花钱和压岁钱，平时用来购买文具、零食、小玩具之类的钱就存进"普通存款"账户。

　　如果有"想要自行车""想买玩具"之类的特殊目的，就将钱存进"目的存款"账户。不过，很多时候他们在存钱的过程中就不想买那样东西了。比如一开始为了买游戏而存钱，但存了半年，他们忽然觉得"那款游戏已经过时了，不想玩了"。

也就是说，目的存款还有防止冲动消费的作用。如果真的需要，那么不管过了半年还是一年仍然会想买。目的存款相当于给了自己一个思考"是否真的需要"的时间。

零花钱和压岁钱的 10% 必须存进"人生存款"账户。孩子们现在长大了，但仍然遵守最初和我的约定，这个账户里的钱一分也没动。可能有人感到奇怪，既然一辈子也不会取出来，那存这个钱有什么用呢？我对孩子们说的是，最后这笔钱可以捐出去。

这样一来，我努力工作赚钱就不只是"为了自己"，更是"为了他人"。一想到自己存的钱能够使他人感到快乐，我们自己也会由衷地感到高兴。这种"为他人存钱，给他人带来幸福"的行为能够增添我们人生的幸福感。

像这样给存款取名字来明确存钱的目的，是存钱的秘诀。如果只是觉得"有闲钱就存起来"，实际上根本存不下钱。所以必须明确"存钱的目的"，只有这样才能真正地存下钱来。

习惯的关键

DAY 061

◆ 建立"普通存款""目的存款""人生存款"3个账户。

062

坚持好习惯⑭
人际关系

改变"能改变的"

"只想着自己"的思考习惯，是导致人际关系恶化的最大原因。

要想建立和谐的人际关系，必须养成"为了他人"的思考习惯。思考"怎样才能让对方高兴""怎样才能帮上对方的忙"，自然就会输出对方喜欢的语言和行动。

其中最有效的就是说"谢谢"。任何人在得到感谢的时候都会感到高兴。说"谢谢"是能让任何人都感到高兴的魔法。带着笑容打招呼，表扬对方的优点，这些都是能够使人际关系变好的习惯。

"话虽这么说，但我的上司是个讨厌的家伙，我是绝对不会对他说谢谢的。"或许有人这样想吧。但我们不可能改变别人。如果想要改变人际关系，我们只能改变自己的言行。

曾经有一位接受过我的心理指导的女性，她就因为与上司之间的关系而感到非常苦恼。据说她的上司是一位很喜欢耍威风的人，一点也不考虑部下的感受。但因为她没办法改变上司，所以只能改变自己。

她开始思考"如果这位上司是自己喜欢的人，那么自己会怎么做"。于是，她决定对待这位上司就像对待自己喜欢的人一样，改变自己的语言和行动。早上碰面的话，带着微笑打招呼。自己主动和对方说话。努力找出上司的优点，并进行表扬。

这位女性改变了自己的语言和行动，之后上司的态度也发生了变化。上司开始对这位女性的问候和表扬做出回应，两人之间的关系也缓和了许多。与此同时，整个团队的工作也变得顺利起来。

不仅如此，现在这位女性已经和上司成了真正的好朋友，他们经常在一起聊天、喝酒。之前她对上司的厌恶之情已经全都烟消云散了。

讨厌别人不会给我们带来任何好处。说别人的坏话或者只是在脑袋里想别人的坏话，都是在给大脑重复负面输入。

我们会在不经意间在言行上表现出来，就算想要去隐瞒，对方也能感觉到"他讨厌我"。结果，对方就会更加疏远自己，两人之间的感情也会更加恶化。这样的关系对双方都没好处。如果两人是上司和部下的关系，那么就会打乱团队合作，给工作带来麻烦。

不过，也没必要勉强自己去喜欢对方。因为我们没有办法阻止"讨厌"这种负面思考，所以只能改变语言、表情和动作等。

不要尝试去改变"不能改变的"，只要改变"能改变的"就好。这就是养成能够使人际关系变好的习惯的秘诀。

习惯的关键

DAY 062

◆ 为了让对方高兴，请养成经常说"谢谢"的习惯。

063

坚持好习惯⑮
家庭

将"理所当然"变成"谢谢"

正如前文所说，说"谢谢"是改善人际关系的魔法。当然，这也可以用来改善与家人之间的关系。我们在与家人交往的时候，很容易认为什么事都是"理所当然"的。

妻子做家务和照顾孩子是理所当然的。丈夫赚钱养家是理所当然的。父母养育自己长大是理所当然的。

如果养成了这样的思考习惯，就很难对家人产生感激之情。久而久之，家人之间就会产生隔阂。如果觉得自己的家里有这样的气氛，那就请从今天开始养成对家人说"谢谢"的习惯吧。

曾经有位男性在我的建议下，决定"连续 100 天，每天早晨对妻子说谢谢"。妻子被丈夫这突然的行动搞得有些惊讶，甚至反问道："为什么感谢我呢？"

　　丈夫每天都找出不同的理由来感谢妻子，如"谢谢你帮我晒被子""谢谢你把浴室打扫得这么干净"。

　　最初这位男性只是为了"养成好习惯"才这样做的，但在坚持说了80天谢谢之后，他意识到"原来妻子为我付出了这么多"，从而产生了真正的感激之情。

　　在第95天，他的妻子忽然对他说："谢谢你，真心地感谢我。"到了第100天，妻子将一个笔记本送给丈夫作为礼物，上面记录了他这100天以来说的所有感谢的话。

　　只要坚持传达自己的感谢之情，总有一天对方也会回报你，彼此之间会更加珍重。这就是"谢谢"的魔力。请你也试一试，在面对家人时将"理所当然"变成"谢谢"吧。

习惯的关键

DAY 063

每天对家人说"谢谢"。

064

坚持好习惯⑯
心理健康

"正面思考"，寻找积极向上的一面

最近，有越来越多的人开始出现心理问题。人们因为工作和人际关系而积累了太多的压力，最终心灵不堪重负。这样的情况屡见不鲜。

要想保持心理健康，我在第4章中介绍过的将"通勤路上的喜悦""职场的快乐""家庭的幸福"写在笔记本上的习惯非常有效。这个被称为"正面思考"的习惯，可以帮助我们在任何情况下寻找积极向上的一面。

如果只看到事物坏的一面，那么压力只会越来越大。所以，必须养成有意识地寻找事物好的一面的习惯。

搭乘满员电车的时候，我们往往会习惯性地认为"这么拥挤真是让人心情焦躁"，但如果有意识地寻找通勤路上的喜悦，就会发现"在这么拥挤的情况下，能够平安抵达车站真是太好了"。

有一位来参加我的讲座的女性，她就被心理压力逼到了崩溃的边缘。最初她非常努力地工作，顺利地在总公司得到了升迁，后来却突然被调到子公司去了。她无法接受这个事实，认为"公司根本不理解她""自己不应该待在子公司这种地方"，心中充满了不甘。

在听从了我的建议后，她开始每天记录3件令她感到"喜悦、快乐、幸福"的事，之后这位女性的心理状态发生了巨大的转变。她发现在新公司里也有有趣的工作和新的邂逅，同时她的家人也一直在全力以赴地支持着她。

她的脸上再次浮现出明媚的笑容，嘴里说出的话也变成了正面输出。她与子公司的同事们建立了非常和谐的关系，对工作也充满了热情，如今正为了自己企划的新项目全力以赴。

如果想保持健康的心理状态，每天积极地度过人生，那么请一定要养成"正面思考"的习惯。

习惯的关键

DAY
064

有意识地寻找"喜悦、快乐、幸福"。

065

坚持好习惯⑰
扫除

到家后立刻开始

有的人从来不扫除，家里到处都是乱七八糟的。这样的人是因为大脑根据过去的记忆做出了"扫除＝麻烦而且不快乐"的判断，所以才做出了回避反应。

如果想养成扫除的习惯，必须在大脑用 0.5 秒完成"扫除不快乐"的负面思考之前开始行动。

到家之后，根本不要花时间考虑"今天要不要扫除"。只要打开大门进到家中，立刻开始扫除。不管是将眼前的垃圾捡起来还是拿出吸尘器，总之要立刻采取行动。

还有一个关键，就是不要想着"把家里打扫得一尘不染"。如果设置这么高的难度，那么我们很快就会对扫除感到厌烦。首先从简单的行动开始，如"捡起 3 件垃圾""用吸尘器清扫地面 5 分钟"。

此外，还有一个提高大脑兴奋度的方法。如果觉得擦玻璃麻烦的话，那就给每块玻璃都取一个名字。"小花，今天把你擦得干干净净"，像这样一边和玻璃对话一边擦，就不会觉得枯燥乏味了。

可能有人觉得这样做像神经病一样，但只要让大脑感觉轻松快乐，就可以把习惯更容易地坚持下来。

习惯的关键

DAY

065

首先"捡起 3 件垃圾"。

066

坚持好习惯⑱
育儿
"你觉得怎样才能做好？"
坚持正面提问

　　父母的输出会对孩子的大脑造成巨大的影响。父亲和母亲的语言、表情、动作，会直接输入孩子的大脑，影响孩子的思考习惯。

　　"为什么做不到""真是没用"，总是将这样的话挂在嘴边的父母，会使孩子对"自己什么也做不好""自己是没用的孩子"深信不疑。

　　但有时候，父母也必须要告诉孩子"不能这样做"。如果必须要说出这样的话，那么可以试着换一种说法。

　　将"不行""不能"等负面语言换成"你觉得怎样才能做好"这样的正面语言。这样一来，孩子的大脑就会为了做出正面的回答而努力思考更好的方法。

　　家长总是对孩子说"好好学习"，但对不爱学习的孩子来说，强迫他们去学习也没什么作用。孩子之所以不爱学习，是因为在他们的大脑中存在"学习＝不快乐"的记忆。所以，当他们听到"学习"这个词的时候，马上就会产生"不想学习"的反应。

因此，家长应该换一种说法，不用"学习"这个词，比如将"学习"换成"成长"和"提高"等正面语言。不要催促孩子"快去学习"，而要说"今天也想提高吗""今天也取得成长吧"，孩子就不会产生回避反应了。

另外，家长的行动也很重要。如果家长对孩子说"快去学习"，结果自己却去看电视，那孩子肯定也会无心学习了。

但要是对孩子说"妈妈要去看书了，你要不要也一起成长呢"，孩子就会自然而然地开始学习。

请记住，父母的输出，就是孩子的输入。

习惯的关键

DAY

066

不要说"快去学习"，而要说"今天也取得成长吧"。

067

改掉坏习惯①
吸烟、酗酒
坚持负面输出

　　"想改却改不掉"，这是因为大脑对不必要的事情产生了接近反应。比如想戒烟却戒不掉，就是因为大脑做出了"吸烟＝快乐"的判断，所以当看到香烟时就忍不住想要吸烟。

　　因此，我们需要做的就是在看到香烟之后，不要马上吸烟。只要等待一段时间，我们就不会将"想吸烟"的想法变为行动了。

　　如果最后还是没忍住吸烟了，那就用语言和行动来进行负面输出。一边大声地说"哎呀，真难闻"一边故意咳嗽，这样一来大脑就会认为"烟很难闻""烟对身体有害"。

　　像这样故意留下"吸烟＝不快乐"的记忆，大脑就会对吸烟产生回避反应，我们自然就会戒烟。

　　想戒酒时也一样。只要坚持负面输出，让大脑认为"酒难喝""酒对身体有害",那么大脑自然会对喝酒产生回避反应。

要想改掉坏习惯,不能只坚持1天。就算今天忍住了,如果明天又开始吸烟、喝酒,那根本没办法戒掉。不仅如此,就算忍住100天,但在第101天又开始吸烟,那也不算成功戒烟。

所谓改掉坏习惯,是将"今天也没吸烟""今天也没喝酒"的状态一直持续下去。养成"今天也没……"的习惯,并且一直坚持下去,这才是改掉坏习惯的关键。

习惯的关键

DAY
067

形成"吸烟、酗酒=不快乐"的记忆。

068

改掉坏习惯②
赌博
"恐惧"提问非常有效

有的人总是改不掉玩老虎机和赌马的习惯。说来惭愧，我曾经也沉迷于赌博。一旦养成赌博的习惯，不但会损失金钱，还会失去社会信誉和与家人之间的和睦关系。

要想改掉赌博的习惯，"恐惧"提问非常有效。

试着问自己"如果我继续玩柏青哥，会怎么样"，结果大脑就会给出"几乎没时间陪伴家人"的回答。继续提问"没时间陪伴家人，会怎么样"，大脑就会给出"无法及时了解家人的烦恼，最坏的情况可能是妻离子散"的回答。

在知道这样的答案之后，相信任何人都会下定决心戒赌吧。

当然，"愿望"提问也有一定的效果。试着问自己"如果我不玩柏青哥，会怎么样"，于是大脑就会给出"有更多的时间陪家人"的回答。

继续提问"如果有更多的时间陪伴家人，会怎么样"，大脑就会给出"家庭变得更加幸福，自己的工作也会变得更加顺利"的回答。这样一来，任何人都会想改掉赌博的习惯吧。

要想远离赌博，关键在于对自己提问，让自己意识到什么是对自己来说更重要的东西。

习惯的关键

DAY 068

◆ 利用"恐惧"提问和"愿望"提问来让自己远离赌博。

习惯的关键

DAY 069

利用"语言"和"表情"来控制食欲。

069

改掉坏习惯③
暴饮暴食

利用"脂肪块"来给大脑踩下刹车

为了健康和减肥而控制饮食，结果反而开始暴饮暴食。对于这样的人，最好给食物换一个让大脑不愿接近的名字。

比如，蛋糕和肉类，可以取名为"脂肪块"。然后在吃之前说："现在我要吃脂肪块了。"因为没有人喜欢"脂肪块"，所以大脑会对此产生回避反应，从而避免出现暴饮暴食的情况。

另外，还可以利用表情来帮助大脑踩下刹车。

如果想控制自己不吃甜食，那么在吃甜食的时候就要故意摆出一副愁眉苦脸的样子。如果脸上带着笑容，大脑就会认为"这是好事"。但不带笑容的话，大脑会认为"这不是好事"。

也就是说，只要不露出笑容，大脑就会认为"吃甜食不是什么好事"。这样一来，下次再看到甜食的时候，我们就不会吃太多了。

通过改变语言和表情来欺骗大脑，这样可以帮助我们控制食欲。

070

改掉坏习惯④
游戏

将其称为"幼稚的游戏"

想戒掉游戏的话，换个称呼也是一个有效的方法。比如将"游戏"称为"幼稚的游戏"。恐怕没有人愿意玩"幼稚的游戏"吧。像这样，把"游戏"换成容易引起大脑产生回避反应的称呼，就可以使我们逐渐远离游戏。

除此之外，还有一种方法。那就是养成其他的习惯。

很多人都是在通勤或上学放学的电车上玩游戏的。所以，只要养成"在电车里看书""在电车里学英语"之类的习惯，自然就没时间玩游戏了。或者养成"如果有老年人上车就主动让座"的习惯，这样就需要时刻注意周围的情况，使自己没有精力去玩游戏。

对于那些在无所事事的时候就会去玩游戏的人，养成一个取代玩游戏的习惯非常重要。

071

养成好习惯，度过完美的人生

用习惯的力量改变命运

在本章中，我为大家介绍了关于不同主题的习惯养成术。相信大家现在已经发现，我们可以将习惯变成人生中最强有力的伙伴。我们既可以养成好习惯，也可以改掉坏习惯。这一切都取决于我们如何思考和行动。

在此之前，当我们遇到不顺利的事情时，可能会觉得"不是我的错""都是运气不好"。但正是我们自己的习惯导致了这样的结果。

不管大脑输入的是什么信息，我们都可以将语言和动作等变成正面输出。坚持正面输出的人，会从周围的人那里获得正面输入，他周围的环境就总可以保持积极向上的氛围。所以，他不管做任何事都会非常顺利。那些"运气好"的人，实际上是利用习惯创造出了一个"运气好"的自己。

最后，我想再重复一遍在本书的开头说过的话："人与人之间没有能力上的差异，只有习惯上的差异。"你的人生，是由习惯决定的。所以，请养成好习惯，度过完美的人生吧。

习惯的关键

DAY
070

◇ 用其他的习惯来填补玩游戏的时间，使自己无暇玩游戏。

习惯的关键

DAY
071

◇ 将习惯变为自己的伙伴，成为理想中的自己。

结 语

Epilogue

非常感谢大家读到这里。

在读完本书之后，大家对"习惯"有什么感想呢？

可能有很多人在之前都不知道习惯竟然如此重要吧。这实在是非常可惜。如果你对现在的人生感觉不满意，认为人生不顺利，那么完全可以利用习惯的力量来改变它。

毕竟"习惯决定一切"，不管你现在身处何地，追求的目标多么远大，都一定能实现。

我在年轻的时候，人生非常不顺利。正如我在书中介绍的那样，我创业失败、沉迷赌博，现在回忆起来简直是一团糟。如果我没有及时改正，那么现在的我将是什么样子，我简直连想都不敢想。

幸运的是，我了解到了养成习惯的方法，而且从小习惯开始坚持实践。

总是保持积极的心态，大声地和别人打招呼。

在听到有人叫自己的时候，立刻精神十足地做出回应。

将"谢谢"挂在嘴边。

这一个一个小习惯改变了我的人生。于是，我决定将习惯的重要性告诉更多的人。我现在之所以能成为习惯养成顾问，也多亏了习惯的力量。

当然，你也能够改变。

我和来听我的讲座的人，最初都有自己的烦恼。和拿起这本书的你一样，大家都对将来的理想和自己缺乏自信。但正如本书所介绍的那样，许多参加过我的讲座的人都掌握了养成习惯的方法，并且成功地改变了自己的人生。

所以，你也应该相信自己，踏出最初的一步。

请思考这个问题：对你来说，完美的人生是什么样的？

相信 100 个人会有 100 个答案吧。这很正常。毕竟，"什么是完美的人生"这个问题是没有正确答案的。

关键在于，你要对完美的人生有明确的想象，再坚信你的想象一定会成为现实，然后将能够使梦想成真的习惯坚持下去。

现在人类的平均寿命大幅延长，甚至出现了"人生 100 年时代"的说法。今后，我们的人生还会越来越长，而且人类的工作将越来越多地被 AI（人工智能）取代。

那么，要想不被 AI 取代，自由地度过自己的人生，需要什么能力呢？答案是只有人类才拥有的能力，也就是养成习惯的能力。

请你务必掌握养成习惯的能力。这样一来，你理想中的人生必将变成现实。当那一天到来的时候，我也将由衷地为你感到高兴。

本书可以算作我多年来对"习惯"进行研究的一个总结。

在本书的执笔过程中，我自己也学到了很多。我从株式会社Sanri 的董事长西田文郎先生身上学到了身为经营者的思考习惯，后来又从株式会社 Sanri 的总经理西田一见先生身上学到了利用SBT〔Super Brain Training（超级大脑训练）〕提高人类潜能、改变行动习惯的方法。

本书得以出版，多亏了平时给予我诸多关照的株式会社Clover 出版社的社长小川泰史先生将株式会社 Subaru 出版社的主编上江洲安成先生介绍给我，上江洲先生与作家塚田有香女士多次与我见面会谈，帮助我将大脑里的想法整理了出来。

除此之外，还有许多朋友在创作过程中给予了我大力的支持。借此机会，我要向帮助过我的诸位，致以最诚挚的感谢。

拿起本书并一直读到最后的各位读者，非常感谢你们。希望本书能够为诸位在实现自己的理想人生的过程中献上绵薄的助力。

吉井雅之

"SHUKAN GA 10WARI" by Masashi Yoshii
Copyright © Masashi Yoshii 2018 All rights reserved.
Original Japanese edition published by Subarusya Corporation.
This Simplified Chinese language edition published by arrangement with Subarusya Corporation,
Tokyo in care of Tuttle—Mori Agency, Inc., Tokyo through Pace Agency Ltd., Jiang Su Province.

著作权合同登记号：图字 18-2020-038

图书在版编目（CIP）数据

小习惯 /（日）吉井雅之著；朱悦玮译 . -- 长沙：
湖南文艺出版社，2020.12（2021.4 重印）
ISBN 978-7-5404-9820-7

Ⅰ . ①小… Ⅱ . ①吉… ②朱… Ⅲ . ①习惯性—能力
培养—通俗读物 Ⅳ . ① B842.6-49

中国版本图书馆 CIP 数据核字（2020）第 206576 号

上架建议：成功励志

XIAO XIGUAN
小习惯

作　　者：[日] 吉井雅之
译　　者：朱悦玮
出 版 人：曾赛丰
责任编辑：丁丽丹
监　　制：邢越超
策划编辑：蔡文婷
版权支持：金　哲
营销支持：文刀刀　周　茜
版式设计：李　洁
封面设计：主语设计
内文排版：百朗文化
出　　版：湖南文艺出版社
　　　　　（长沙市雨花区东二环一段 508 号　邮编：410014）
网　　址：www.hnwy.com
印　　刷：三河市中晟雅豪印务有限公司
经　　销：新华书店
开　　本：880mm × 1270mm　1/32
字　　数：122 千字
印　　张：6.5
版　　次：2020 年 12 月第 1 版
印　　次：2021 年 4 月第 2 次印刷
书　　号：ISBN 978-7-5404-9820-7
定　　价：46.00 元

若有质量问题，请致电质量监督电话：010-59096394
团购电话：010-59320018